中华精神家园
节庆习俗

千秋佳节

传统节日与文化内涵

肖东发 主编　张德荣 编著

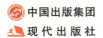
中国出版集团
现代出版社

图书在版编目（CIP）数据

千秋佳节 / 张德荣编著. — 北京：现代出版社，
2014.7（2020.01重印）
ISBN 978-7-5143-2440-2

Ⅰ．①千… Ⅱ．①张… Ⅲ．①节日－风俗习惯－中国
－通俗读物 Ⅳ．①K892.1-49

中国版本图书馆CIP数据核字（2014）第165284号

千秋佳节：传统节日与文化内涵

总 策 划： 陈 恕
主 编： 肖东发
作 者： 张德荣
责任编辑： 王敬一
出版发行： 现代出版社
通信地址： 北京市定安门外安华里504号
邮政编码： 100011
电 话： 010-64267325 64245264（传真）
网 址： www.1980xd.com
电子邮箱： xiandai@cnpitc.com.cn
印 刷： 山东省东营市新华印刷厂
开 本： 710mm×1000mm 1/16
印 张： 11
版 次： 2015年4月第1版 2020年1月第3次印刷
书 号： ISBN 978-7-5143-2440-2
定 价： 40.00元

党的十八大报告指出："文化是民族的血脉，是人民的精神家园。全面建成小康社会，实现中华民族伟大复兴，必须推动社会主义文化大发展大繁荣，兴起社会主义文化建设新高潮，提高国家文化软实力，发挥文化引领风尚、教育人民、服务社会、推动发展的作用。"

我国经过改革开放的历程，推进了民族振兴、国家富强、人民幸福的中国梦，推进了伟大复兴的历史进程。文化是立国之根，实现中国梦也是我国文化实现伟大复兴的过程，并最终体现为文化的发展繁荣。习近平指出，博大精深的中国优秀传统文化是我们在世界文化激荡中站稳脚跟的根基。中华文化源远流长，积淀着中华民族最深层的精神追求，代表着中华民族独特的精神标识，为中华民族生生不息、发展壮大提供了丰厚滋养。我们要认识中华文化的独特创造、价值理念、鲜明特色，增强文化自信和价值自信。

如今，我们正处在改革开放攻坚和经济发展的转型时期，面对世界各国形形色色的文化现象，面对各种眼花缭乱的现代传媒，我们要坚持文化自信，古为今用、洋为中用、推陈出新，有鉴别地加以对待，有扬弃地予以继承，传承和升华中华优秀传统文化，发展中国特色社会主义文化，增强国家文化软实力。

浩浩历史长河，熊熊文明薪火，中华文化源远流长，滚滚黄河、滔滔长江，是最直接的源头，这两大文化浪涛经过千百年冲刷洗礼和不断交流、融合以及沉淀，最终形成了求同存异、兼收并蓄的辉煌灿烂的中华文明，也是世界上唯一绵延不绝而从没中断的古老文化，并始终充满了生机与活力。

中华文化曾是东方文化摇篮，也是推动世界文明不断前行的动力之一。早在500年前，中华文化的四大发明催生了欧洲文艺复兴运动和地理大发现。中国四大发明先后传到西方，对于促进西方工业社会的形成和发展，曾起到了重要作用。

　　中华文化的力量，已经深深熔铸到我们的生命力、创造力和凝聚力中，是我们民族的基因。中华民族的精神，也已深深植根于绵延数千年的优秀文化传统之中，是我们的精神家园。

　　总之，中华文化博大精深，是中国各族人民五千年来创造、传承下来的物质文明和精神文明的总和，其内容包罗万象，浩若星汉，具有很强的文化纵深，蕴含丰富宝藏。我们要实现中华文化伟大复兴，首先要站在传统文化前沿，薪火相传，一脉相承，弘扬和发展五千年来优秀的、光明的、先进的、科学的、文明的和自豪的文化现象，融合古今中外一切文化精华，构建具有中国特色的现代民族文化，向世界和未来展示中华民族的文化力量、文化价值、文化形态与文化风采。

　　为此，在有关专家指导下，我们收集整理了大量古今资料和最新研究成果，特别编撰了本套大型书系。主要包括独具特色的语言文字、浩如烟海的文化典籍、名扬世界的科技工艺、异彩纷呈的文学艺术、充满智慧的中国哲学、完备而深刻的伦理道德、古风古韵的建筑遗存、深具内涵的自然名胜、悠久传承的历史文明，还有各具特色又相互交融的地域文化和民族文化等，充分显示了中华民族的厚重文化底蕴和强大民族凝聚力，具有极强的系统性、广博性和规模性。

　　本套书系的特点是全景展现，纵横捭阖，内容采取讲故事的方式进行叙述，语言通俗，明白晓畅，图文并茂，形象直观，古风古韵，格调高雅，具有很强的可读性、欣赏性、知识性和延伸性，能够让广大读者全面接触和感受中国文化的丰富内涵，增强中华儿女民族自尊心和文化自豪感，并能很好继承和弘扬中国文化，创造未来中国特色的先进民族文化。

2014年4月18日

源于祭祀——腊八节

饮宴踏青——上巳节

多进美言——祭灶节

风调雨顺——中和节

腊八节

　　腊八节，俗称"腊八"，是古代欢庆丰收、感谢祖先和神灵，包括门神、户神、宅神、灶神和井神的祭祀仪式，夏代称腊日为"嘉平"，商代为"清祀"，周代为"大蜡"。

　　因在农历十二月举行，故称该月为腊月，称腊祭这一天为腊日。先秦的腊日在冬至后的第三个戌日。

　　腊八节是用来祭祀祖先和神灵，祈求丰收和吉祥的节日，后来东汉佛教传入，为了扩大在本土的影响力逐附会传统文化，把腊八节定为佛成道日。在我国，有腊八节喝腊八粥和泡腊八蒜的习俗。

杂米粥意在警示后人勤俭

相传那是在很久以前，有一户农家，家中有3口人，老两口老来得子，守着一个儿子艰难地生活，日子虽然苦，但也一家其乐融融的。

老汉是个勤快人，每天天不亮就到地里了，基本上整天都泡在那

古人耕种图

■ 五谷图

儿，每天披星戴月，精耕细作，调理的几亩农田年年都可以五谷丰登。

老婆婆是个勤俭的人，院子里修整的瓜棚遮天，园菜铺地，一日三餐，精打细算，家境虽不富裕，但一年四季吃穿不愁。

老两口不但勤劳节俭，还心地善良，如果遇到天灾人祸，谁家揭不开锅了，他们还常常拿些米粮接济给这些人家，帮助他们渡过难关。

就这样，光阴似箭，日月如梭。转眼间，他们的儿子已经18岁了，虽说小伙子长得五大三粗，身强力壮的，可是跟他的爹娘却有很大的差别，懒得出奇，这也是从小饭来张口衣来伸手娇惯坏了。长大了还是胡吃闷睡，游游逛逛，什么活也不干。

一天，老汉摸摸花白胡子，感到自己老了，对儿

五谷 是古代所指的五种谷物。"五谷"在古代有多种不同说法，最主要的有两种：一种指稻、黍、稷、麦、菽；另一种指麻、黍、稷、麦、菽。两者的区别是：前者有稻无麻，后者有麻无稻。古代经济文化中心在黄河流域，稻的主要产地在南方，而北方种稻有限，所以五谷中最初无稻。

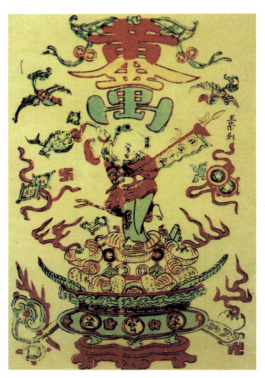
■ 聚宝盆年画

铜镜 又称青铜镜。是古代用铜做的镜子，一般是含锡量较高的青铜铸。在古代，铜镜就是古代用铜做的镜子，与人们的日常生活有着密切关系，是人们不可缺少的生活用具。它制作精良，形态美观，图纹华丽，铭文丰富，是我国古代文化遗产中的瑰宝。

子说："爹娘只能养你小，不能养你老。要吃饭，得流汗。你学学种庄稼过日子吧。"

儿子"哼哼"两声，这耳朵进，那耳朵出，照旧溜溜达达，胡吃闷睡，一点也没有将老人的告诫听进去。

不久，老两口给儿子娶了媳妇，原想着只要给儿子成了家，接下来就该合计怎么干活过日子了。

起初，这小两口和老两口预想的一样，儿子和媳妇虽不算是特别勤劳，但是也能勉强糊口，加上老人的帮衬，日子倒也过得去。

哪知时间一久，媳妇的本性就露了出来，媳妇跟儿子一样，也是好吃懒做的人，可谓是横草不拿，日头不落睡，日出三竿起，不动针线，不进灶房，倒了油瓶也不去扶。

一天，老婆婆梳着头发，看着铜镜中自己满头的白发，自知土已经埋到了脖子，上天留给自己的日子不多了。于是，就把满心的话说给媳妇听："勤是摇钱树，俭是聚宝盆。要想日子过得好，勤俭是个宝。"

可是儿媳妇却把这话当成了耳边风，一句也没有听进去，更何谈放在心里。

过了几年，老两口的身体一天不如一天，而且身患重病，躺在床上再也无法干活了。

有一天，老两口把小两口叫到床前，含着眼泪默默地盯着小两口，语重心长地对小两口嘱咐再三："要想日子过得富，鸡叫三遍离床铺。男当勤耕作，女应多织布……"

话还没有说完，老两口就两眼一翻，一起去世了。

老两口去世之后，小两口托乡亲们帮忙埋葬了两位老人，然后看看囤里粮、缸里米、柜里棉、箱里衣。男人说："有吃有喝不用愁，何必下地晒日头。"

女人附和着说："夏有单衣冬有棉，何必纺织到日偏。"

小两口一唱一和，好不乐和，早把两位老人的遗嘱忘到九霄云外了。

就这样，一年又一年的时光过去了，几亩田地也很快变成了荒草园。家里的柴米油盐、衣被鞋袜，一

摇钱树 是汉代西南地区中早期生命树演变而成，其既保留了商周时先民崇拜的原始宗教观念，又赋予了世俗的祈财纳福的吉祥观念。认为这种树会生财、结金钱，摇落以后可再生。而摇钱树又是长生树，谁拥有它，谁就会消灾富贵长命，子孙昌盛。北京旧俗中有岁末做摇钱树祈年的习俗。预示着新的一年钱财滚滚来。

■ 青铜纺织人像

腊月 农历十二月为"腊月"，古时候也称"蜡月"。这种称谓主要是以岁时之祭祀有关。所谓"腊"，本为岁终的祭名。不论是打猎后以禽兽祭祖，还是因新旧之交而祀神灵，反正都是要搞祭祀活动，所以腊月是个"祭祀之月"。

天少似一天。

就这样，小两口还是不着急，只要有口吃的，就不动手。又是花开花落，秋去冬来，地里依旧颗粒无收，家里的吃穿也已经没有了。

看着小两口断顿儿的窘境，邻居们念在去世的老人的情面上，东家给块馍，西家端碗汤。

可是小两口还是不知道悔改，甚至在想："讨饭似乎也是不错的生活方式，也能度时光。"

进了腊月，天气越来越冷了。到了初八这天，天寒地冻，滴水成冰。俗话说："腊七腊八，冻死'叫花'。"小两口的屋里没有火，身上还穿着单衣，肚子也饿得咕咕乱叫，蜷缩在冰凉的炕席上"筛糠"，四只眼睛满屋有所期待地搜寻着。

突然，小两口发现炕缝里挤压有几粒米豆子，就立马从炕上跳起来用手一粒粒抠出来。他们又发现地缝里还有米粒，也都挖出来。这可是救命稻草啊，他俩东捡西凑地弄了一把，放进锅里。

然后他们把炕上的铺草塞进灶膛，就这样熬了一锅杂七烩八的粥，有小米、玉米、黄豆、小豆、高粱……凡是在房间内找到能充饥的都放了进去。

煮熟后只能够一人一碗吃的，看着这好不容易做出来的一碗粥，

■ 春耕图

小两口悲悲切切地吃起来了。这时，两人才想起二位老人的教诲，后悔没有早听进去，可是现在已经晚了。

五谷杂粮图

正在小两口悲切之时，一阵大风刮来，由于这房子年久失修，早已破烂不堪，被风这么一吹，"呼啦"一声，房倒屋塌了，小两口被压在底下，没能逃出来。等邻居听到声响赶来把他们挖出来时，小两口都已经死了，身边还放着半碗杂米粥。

从此以后，乡亲们每到腊月初八这天，家家都会熬一锅杂米粥让孩子们吃，并给孩子讲这杂米粥的故事，来教育他们。

"杂米粥"的意思是"吃顿杂合粥，教训记心头"。就这样，这个故事一传十，十传百，越传越远。父传子，子传孙，代代相传。形成了腊月初八吃"杂米粥"的习俗。因这粥是腊月初八吃，所以也就叫作了"腊八粥"。

阅读链接

宋代的陆游在《十二月八日步至西村》诗中道："腊月风和意已春，时因散策过吾邻。草烟漠漠柴门里，牛迹重重野水滨。多病所须唯药物，差科未动是闲人。今朝佛粥更相馈，反觉江村节物新。"

诗中写道，虽是隆冬腊月，但已露出风和日丽的春意。柴门里草烟漠漠，野河边有许多牛经过的痕迹。腊日里人们互赠、食用着佛粥，即腊八粥，更感觉到清新的气息。

腊八节多种多样的传说故事

■释迦牟尼像

相传腊八粥传自于印度，佛教的创始者释迦牟尼本是古印度北部迦毗罗卫国净饭王的儿子。他见众生受生老病死等痛苦折磨，又不满当时婆罗门的神权统治，舍弃王位，出家修道。

初无收获，后经6年苦行，于腊月初八，在菩提树下悟道成佛。在这6年苦行中，每日仅食一麻一米。后人不忘他所受的苦难，于每年腊月初八吃粥以做纪念。"腊八"就成了"佛祖成道纪念日"。

"腊八"是佛教的盛大节日，各地佛寺作浴佛会，举行诵经，并效仿释迦牟尼成道前，牧女献乳糜的传说故事，用香谷、果实等煮粥供佛，称"腊八粥"，并将腊八粥赠送给门徒及善男信女们，以后便在民间相沿成俗。

据说有的寺院于腊月初八以前由僧人手持钵盂，沿街化缘，将收集来的米、栗、枣、果仁等材料煮成腊八粥散发给穷人。

■ 寺院施粥用的铜锅

传说吃了它以后可以得到佛祖的保佑，所以穷人把它叫作"佛粥"。

南宋诗人陆游有诗道：

今朝佛粥更相馈，反觉江村节物新。

据说杭州名刹天宁寺内有储藏剩饭的"栈饭楼"，平时寺僧每日把剩饭晒干，积一年的余粮，到腊月初八煮成腊八粥分赠信徒，称为"福寿粥"。

"福寿粥"意思是说吃了以后可以增福增寿，可见当时各寺僧爱惜粮食之美德。

腊八粥在当时是用红小豆和糯米煮成的，后来材

陆游（1125年—1210年），字务观，号放翁，浙江绍兴人。南宋诗人。孝宗时赐进士出身。中年入蜀，投身军旅生活，官至宝章阁待制，晚年退居家乡。他创作的诗歌很多，存九千多首，内容极为丰富，多为抒发政治抱负，反映人民疾苦。抒写日常生活的，也多清新之作。

《武林旧事》

成书于1290年以前，为追忆南宋都城临安城市风貌的著作，全书共10卷，为了解南宋城市经济文化和市民生活，以及都城面貌和宫廷礼仪提供较丰富的史料，对于文学、艺术和戏曲史的研究，尤为珍贵。

料逐渐增多。南宋人周密著《武林旧事》说：

> 用胡桃、松子、乳蕈、柿、栗 之类做粥，谓之'腊八粥'。

我国江南、东北、西北广大地区人民仍保留着吃腊八粥的习俗，广东地区已不多见。所用材料各有不同，多用糯米、红豆、枣子、栗子、花生、白果、莲子、百合等煮成甜粥。

也有加入桂圆、龙眼肉、蜜饯等同煮的。冬季吃一碗热气腾腾的腊八粥，既可口又有营养，确实能增福增寿。

还有传说腊八节来自于古老的"赤豆打鬼"风俗，传说上古五帝之一的颛顼氏，有3个儿子，这3个儿子死后都变成了恶鬼，专门出来惊吓孩子。

■ 岳家军蜡像

像氏旸高项颛

古代人们普遍相信迷信，害怕鬼神，认为大人小孩中风得病、身体不好都是由于疫鬼作祟。这些恶鬼天不怕地不怕，单怕赤豆，故有"赤豆打鬼"的说法。所以，在腊月初八这一天以红小豆、糯米熬粥，以祛疫迎祥。

到了秦始皇时期，秦始皇为了巩固边境，大力修建长城，天下民工奉命而来，长年不能回家，吃粮靠家里人送。有些民工，家隔千山万水，粮食送不到，致使不少民工饿死于长城工地。

有一年腊月初八，无粮吃的民工们合伙积了几把五谷杂粮，放在锅里熬成稀粥，每人喝了一碗，最后还是饿死在长城脚下。

为了悼念饿死在长城工地的民工，人们每年腊月初八吃"腊八粥"，以资纪念。

南宋时的岳飞是当时最为杰出的一位统帅，他重视人民的力量，缔造了"连结河朔"之谋，主张黄河以北的义军和宋军互相配合，以收复失地。

岳飞治军，赏罚分明，纪律严整，又能体恤部属，以身作则，他率领的"岳家军"号称"冻杀不拆屋，饿杀不打掳"。金人流传着"撼山易，撼岳家军

■ 颛顼画像

岳飞（1103年—1142年），字鹏举。生于北宋相州汤阴县永和乡孝悌里，即今河南省安阳市汤阴县菜园镇程岗村。我国历史上著名的战略家、军事家、民族英雄、抗金名将。谥号"武穆"，宋宁宗时追封为鄂王，改谥号为"忠武"。岳飞被尊为华夏杰出先烈，其一生中"还我河山"和"精忠报国"的爱国精神一直激励着后人。

难"的名句，表示对"岳家军"的最高赞誉。

有一年，岳飞率部抗金于朱仙镇，正值数九严冬，岳家军衣食不济、挨饿受冻，众百姓相继送粥，岳家军饱餐了一顿百姓送的"千家粥"，结果大胜而归。

这天正是十二月初八。岳飞死后，人民为了纪念他，每到腊月初八的时候，便以杂粮豆果煮粥，最终沿袭成俗，名为"腊八节"。

到朱元璋的明朝，关于腊八节的来源，又增加了一种新的说法。据说当年朱元璋落难在牢监里受苦时，当时正值寒天，又冷又饿的朱元璋竟然从监牢的老鼠洞里找出一些红豆、大米、红枣等七八种五谷杂粮。

又冷又饿的朱元璋便把这些东西熬成了粥，因为那天正是腊月初八，朱元璋便美其名曰这锅杂粮粥为腊八粥，并美美地享受了一顿。

后来，朱元璋平定天下，坐北朝南当了皇帝，为了纪念自己在监牢中的那个特殊日子，他就下令把这一天定为腊八节，并把自己那天吃的杂粮粥正式命名为"腊八粥"。

阅读链接

为什么将一年中的最后一个月称为"腊"呢，含义有三，在《隋书·礼仪志》中记载说："一曰腊者，接也，寓有新旧交替的意思；二曰腊者同猎，指田猎获取禽兽好祭祖祭神，腊从肉旁，就是用肉冬祭；三曰腊者，逐疫迎春。"

《祀记》上面解释说："蜡者，索也，岁十二月，合聚万物而索飨之也。""腊"与"蜡"相似，祭祀祖先称为"腊"，祭祀百神称为"蜡"。

"腊"与"蜡"都是一种祭祀活动，而多在农历十二月进行，时间久了，人们便把十二月称为腊月了。

腊八粥起源于古时腊祭农神

其实，腊八粥的起源始之于我国古代天子国君，年终时的蜡祭农神，叫作天子大蜡八，而天子大蜡八则是起源于古代炎帝神农氏的始作蜡祭以告上苍。

神农氏的始作蜡祭。国以民为本，民以食为天，饮食是人民生活的根本需要，《易经·系辞》说：

需者，饮食之道也。

即需要的主体是饮食。《礼

■ 神农氏 我国古代神话人物。传说因为他的肚皮是透明的，可以看见各种植物在肚子里的反应。这样能分辨什么植物可以吃，什么植物不可以吃，他还亲尝百草，以辨别药物作用。并以此撰写了人类最早的著作《本草》，教人种植五谷、豢养家畜，使中国农业社会结构完成。

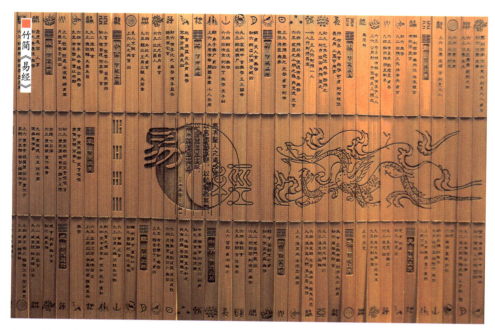

记·礼运》说：

> 孔子曰：夫礼之初，始诸饮食。

礼俗之初是从保证饮食开始的。食物来自于农业的发展。我国农业的兴起，始自于头代炎帝神农氏石年的发明农具，树艺五谷。

《易经·系辞》说：

> 神农氏作，斫木为耜，揉木为耒，教民树艺五谷。

耒耜是农耕用具，即翻田的犁。耒是犁柄，耜是犁铲，翻田耕种，收成五谷。所谓的五谷即稻、黍、稷、麦、菽。

《孟子·滕文公上》中有"树艺五谷"的记载，赵岐《注》说：

> 五谷者，谓稻、黍、稷、麦、菽也。

菽是豆类的总称。五谷收成后，炎帝神农氏于年终十二月始作蜡祭以告上苍，并祝道：

土反其宅，水归其壑，昆虫毋作，草木归其泽。

蜡祭的含义是庆丰收之意，祷祝则是祈求上苍保佑，来年风调雨顺，土地肥沃，昆虫不作，灾害不生，再来一个好收成。

这就是蜡祭。蜡音乍，也音岔，是我国古代天子国君年终时祭祀农神的祭名，即农历每年十二月祭农神之称。蜡还音落，与腊同音。于是，蜡祭也被称作腊祭，腊祭是蜡祭的转称。

蜡祭有8个方面的内容，称为八蜡或蜡八。《礼记·郊特牲》说："八蜡以祀四方。"郑玄《注》说：

蜡有八者：先啬，一也；司啬，二也；农，三也；邮表畷，四也；猫、虎，五也；坊，六也；水庸，七也；昆虫，八也。

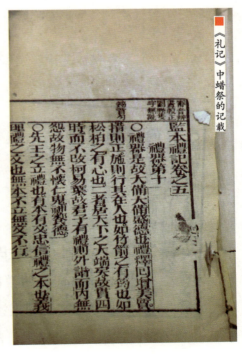

《礼记》中蜡祭的记载

炎帝神农氏开创了我国古代以农业立国的根本，并始作蜡祭以告上苍，形成我国古代年终蜡祭的开始。蜡祭在我国古代是一件大事。

所以，作为一国之主的历代天子或国君，在每年的农历十二月，都要作蜡祭以祀神，并且进行祷祝，称为天子大蜡八。《礼记·郊

■ 蜡祭画像

特牲》说：

> 天子大蜡八。伊耆氏始为蜡。蜡也者，索也。岁十二月，合聚万物而索飨之。蜡之祭也，主先啬而祭司啬，祭百神以报啬也。飨农，以及邮表畷、禽兽等，仁之至，义之尽也。迎猫，为其食田鼠也。迎虎，为其食田豕也。

> 故迎而祭之。祭坊与水庸，事也。故祝曰："土反其宅，水归其壑，昆虫毋作，草木归其泽"。皮弁素服而祭之。

文中，伊耆氏即神农氏。啬即穑，收割庄稼的意思。先啬，始教民以稼穑者。司啬，主管农业者。仁，不忘恩而报答之。义，有功劳必报答之。坊，堤坝。用来储水、障水。水庸即水沟，用来引水、放

《本草纲目》
明代李时珍撰，药学著作，52卷，全书共190多万字，载有药物1892种，收集医方11096个，是作者在继承和总结以前本草学成就的基础上，结合作者长期学习、采访所积累的大量药学知识，经过实践和钻研，历时数十年而编成的一部巨著。

水。反即返字。皮弁，用白鹿皮制为弁。素服，用素缯布制为服。

八蜡之祭或称蜡八之祭是祀八谷星。八谷星是主岁收丰俭之星。关于八谷，《本草纲目》记载："八谷"，《注》说："黍、稷、稻、粱、禾、麻、菽、麦。"《大象赋》的《注》说："稻、黍、大麦、小麦、大豆、小豆、粟、麻。"

八谷一词也是星名，《宋史·天文志》说：

八谷八星，在华盖西，五车北。武密曰：主候岁八谷丰俭。一稻，二黍，三大麦，四小麦，五大豆，六小豆，七粟，八麻。

《晋书·天文志》说：

五车五星，其西八星曰八谷，主候岁八谷丰俭。

根据这些文字，知天子大蜡八的"八"字，并不是随便取的，而是有特定含义的，即祀八谷星神。

阅读链接

腊月是年岁之终，古代农闲的人们无事可干，便出去打猎。一是多弄些食物，以弥补粮食的不足，二是用打来的野兽祭祖敬神，祈福求寿，避灾迎祥。

腊月里的民俗很多。腊月初八，用杂粮做成"腊八粥"。有的农民还要将"腊八粥"甩洒在门、篱笆、柴垛等上面，以祭祀五谷之神；腊月二十三，俗称"小年"，有的地区人们陈设香腊刀头和糖点果品敬供"灶神"等。

腊八节中多样的风俗习惯

腊八节，在民间这一天有着许多的习俗，首先是祭祀。"腊祭"本是原始先民庆贺农业丰收的报酬之礼，是农耕文化的重要节庆。应劭的《风俗通》记载："《礼传》：腊者，猎也，言田猎取禽兽，以祭祀其祖也。或曰：腊者，接也，新故交接，故大祭以报功也。"

腊月制作腊肉

腊月制作豆腐

腊祭起源非常早，《礼记·郊特牲》记载："伊耆氏始为蜡。蜡也者，索也，岁十二月，合聚万物而索飨之也。"

《史记·补三皇本纪》也说："炎帝神农氏以其初为田事，故为蜡祭，以报天地"。夏代称腊日祭为"嘉平"，殷曰"清祀"，周曰"大蜡"，汉代改为"腊"。

先秦的腊祭日在冬至后第三个戌日，南北朝以后逐渐固定在腊月初八。到了唐宋，此节又被蒙上神佛色彩。到了明清，敬神供佛更是取代祭祀祖灵、欢庆丰收和驱疫禳灾，而成为腊八节的主旋律。

其节俗主要是熬煮、赠送、品尝腊八粥，并举行庆丰家实。同时许多人家自此拉开春节的序幕，忙于杀年猪、打豆腐、胶制风鱼腊肉，采购年货，"年"的气氛逐渐浓厚。

在腊八节这天还有许多有趣的饮食习俗，在腊八的前一天，人们一般用盆舀水结冰，等到腊八节就脱盆冰并把冰敲成碎块。据说这天的冰很神奇，吃了它在以后的一年里都不会肚子疼。

腊八粥也叫"七宝五味粥"。我国喝腊八粥的历史，已有1000多

供桌上的食物

年。最早开始于宋代，每逢腊八这一天，不论是朝廷、官府、寺院还是黎民百姓家都要做腊八粥。到了清朝，喝腊八粥的风俗更是盛行。

在宫廷，皇帝、皇后和皇子等都要向文武大臣、侍从宫女赐腊八粥，并向各个寺院发放米、果等供僧侣食用。在民间，家家户户也要做腊八粥，祭祀祖先。同时，合家团聚在一起食用，馈赠亲朋好友。

各地腊八粥的花样争奇竞巧，品种繁多。其中以北京的最为讲究，搀在白米中的果品较多，如红枣、莲子、核桃、栗子、杏仁、松仁、桂圆、榛子、葡萄、白果、菱角、青丝、玫瑰、红豆、花生等，总计不下20种。

人们在腊月初七的晚上，就开始忙碌起来，洗米、泡果、剥皮、去核、精拣，然后在半夜时分开始煮，再用微火炖，一直炖至第二天的清晨，腊八粥才算熬好了。更为讲究的人家，还要先将果子雕刻成人形、动物、花样，再放在锅中煮。

其中比较有特色的就是在腊八粥中放上"果狮"。果狮是用几种果子做成的狮形物，用剔去枣核烤干的脆枣作为狮身，半个核桃仁作为狮头，桃仁

皇帝 我国帝制时期最高统治者的称号。秦王嬴政统一六国之后，认为自己"德兼三皇、功盖五帝"，创立"皇帝"一词作为华夏最高统治者的正式称号。从此"皇帝"取代了"帝"与"王"，成为封建社会最高统治者的称呼。

作为狮脚，甜杏仁用来作狮子尾巴。然后用糖粘在一起，放在粥碗里，活像一只小狮子。如果碗较大，可以摆上双狮或是四只小狮子。

　　更讲究的，就是用枣泥、豆沙、山药、山楂糕等具备各种颜色的食物，捏成八仙人、老寿星、罗汉像。这种装饰的腊八粥，只有在大寺庙的供桌上才可以见到。

　　"腊八粥"的主要原料为谷类，具有一定的养生意义。常用的谷类有粳米、糯米和薏米。粳米含蛋白质、脂肪、碳水化合物、钙、磷、铁等成分，具有补中益气、养脾胃、和五脏、除烦止渴、益精等功用。

　　糯米具有温脾益气的作用，适于脾胃功能低下者食用，对于虚寒泄痢、虚烦口渴、小便不利等有一定辅助治疗作用。

　　中医认为薏米具有健脾、补肺、清热、渗湿的功能，经常食用对慢性肠炎、消化不良等症也有良效。富含膳食纤维的薏米有预防高血脂、高血压、中风及心血管疾病的功效。

　　豆类是"腊八粥"的配料，常用的有黄豆、赤小豆。黄豆含蛋白质、脂肪、碳水化合物、食物纤维、钙、磷、铁、胡萝卜素、维生素B1、维生素B2、维生素B3等，营养十分丰富，并且具有降低血中胆固醇、

■ 健脾的薏米

益智健脑的核桃仁

预防心血管病、抑制多种恶性肿瘤、预防骨质疏松等多种保健功能。

红小豆含蛋白质、脂肪、碳水化合物、食物纤维、钙、磷、铁、维生素B1、维生素B2、维生素B3等，中医认为本品具有健脾燥湿、利水消肿之功，对于脾虚腹泻以及水肿有一定的辅助治疗作用。

不可小看"腊八粥"中果仁的食疗作用，花生和核桃是不可缺少的原料。花生有"长生果"的美称，具有润肺、和胃、止咳、利尿、下乳等多种功能。

核桃仁具有补肾纳气、益智健脑、强筋壮骨的作用，还能够增进食欲、乌须生发，核桃仁中所含的维生素E更是医药学界公认的抗衰老药物。

如果在"腊八粥"内再加羊肉、狗肉、鸡肉等，就更使腊八粥营养滋补价值倍增。对于高血压患者，不妨在粥里加点白萝卜、芹菜，对于经常失眠的患者，如果在粥里加点龙眼肉、酸枣仁将会起到很好的养心安神的作用，何首乌、枸杞子具有延年益寿的作用，对血脂也有辅助的调节作用，是老年人的食疗佳品。

燕麦具有降低血中胆固醇浓度的作用，食用燕麦后可减慢血糖值的上升，在碳水化合物食品中添加燕麦后可抑制血糖值上升，因此对于糖尿病以及糖尿病合并心血管疾病的患者，不妨在粥里放点燕麦。

大枣也是一种益气养血、健脾的食疗佳品，对脾胃虚弱、血虚萎黄和肺虚咳嗽等症有一定疗效。

关于腊八粥的配方，在《鸡肋篇》中的记载是：

宁州腊月初八，人家竞作白粥，于上以林栗之类，染以众色，为花鸟象，更相送遗。

宋朝吴自牧撰《梦粱录》卷六记载：

八日，寺院谓之'腊八'。大刹寺等俱设五味粥，名曰'腊八粥'。

此时，腊八煮粥已经成民间食俗，不过，当时帝王还以此来笼络众臣。元代孙国敕作《燕都游览志》记载："十二月八日，赐百官粥，以米果杂成之。品多者为胜，此盖循宋时故事。"

《永乐大典》记述"是月八日，禅家谓之腊八日，煮经糟粥以供佛饭僧"。每逢十二月初八，东京开封各大寺院都要送

■ 降胆固醇的燕麦

■ 古籍《永乐大典》

国子监 是我国古代隋朝以后的中央官学，为我国古代教育体系中的最高学府，又称国子学或国子寺。明朝时期行使双京制，在南京、北京分别都设有国子监，设在南京的国子监被称为"南监"或"南雍"，而设在北京的国子监则被称为"北监"或"北雍"。

七宝五味粥，即"腊八粥"。

孟元老的《东京梦华录》记载，十二月初八，各个寺院送七宝五味粥让门徒斗饮，称之为"腊八粥"，又称"佛粥"。

宋代大诗人陆游诗中说："今朝佛粥更相馈，反觉江村节物新。"也说的是腊八送粥之事。南宋文人周密撰《武林旧事》说："用胡桃、松子、乳蕈、柿、栗之类作粥，谓之'腊八粥'。"

1725年，清世宗将北京安定门内国子监以东的府邸改为雍和宫，每逢腊八日，在宫内万福阁等处，用锅煮腊八粥并请来喇嘛僧人诵经，然后将粥分给各王公大臣，品尝食用以度节日。《光绪顺天府志》又云：

每岁腊月八日，雍和宫熬粥，定制，派大臣监视，盖供上膳焉。

腊八粥熬好之后，要先敬神祭祖。之后要赠送亲友，一定要在中午之前送出，最后才是全家人食用。吃剩的腊八粥保存着，吃了几天还有剩下来的，则是好兆头，取其"年年有余"的意义。如果把粥送给穷苦的人吃，那更是为自己积德。

腊八粥在民间还有巫术的作用。假如院子里种着花卉和果树，也要在枝干上涂抹一些腊八粥，相信来年多结果实。

泡腊八蒜是北方，尤其是华北地区的一个习俗。顾名思义，就是在腊月初八的这天来泡制蒜。其实材料非常简单，就是醋和大蒜瓣儿。

做法也是极其简单，先将剥了皮的蒜瓣儿放到一个可以密封的罐子或者瓶子之类的容器里面，然后往里面倒入醋，封上口放到一个冷的地方。慢慢地，泡在醋中的蒜就会变绿，最后会变得通体碧绿的，如同翡翠碧玉。

按照当地的说法，腊八蒜的蒜字，和"算"字同音，这是各家商号要在这天拢账，把这一年的收支算出来，可以看出盈亏，其中包括外欠和外债，都要在这天算清楚，"腊八算"就是这么回事。腊八这天要债的债主，要到欠他钱的人家送信儿，该准备还钱。北京城有句民谚：

腊八粥、腊八蒜，放账的送信儿；欠债的还钱。

后来有欠人家钱的，用蒜代替"算"字，以示忌讳，回避这个算账的"算"字，其实欠人家的，终究是要还的。老北京临年关，街巷胡同有卖辣菜的，可没有卖腊八蒜的。

翡翠 也称翡翠玉、翠玉、硬玉、缅甸玉，是玉的一种，颜色呈翠绿色或红色。翡翠的名称来自于鸟名，翡翠这种鸟的羽毛非常鲜艳，雄性的羽毛呈红色，名翡鸟，雌性的羽毛呈绿色，名翠鸟，合称翡翠。明朝时，缅甸玉传入我国后，就冠以"翡翠"之名。

■ 古籍中的大蒜图

■ 腊八蒜

千秋佳节

传统节日与文化内涵

这是为什么呢？您想啊，卖腊八蒜得吆喝吧，怎么吆喝？直接喊"腊八蒜来！"欠债人听见吆喝心里咯噔一下，怎么街上还有人喊着催债呀！

再说了，你一个做小买卖的跟谁算哪！人家不跟你算就不错了，所以腊八蒜不能下街吆喝，都是一家一户自己动手泡腊八蒜，自己先给自己算算，今年这个年怎么过。

泡腊八蒜得用紫皮蒜和米醋，将蒜瓣去老皮，浸入米醋中，装入小坛封严，至除夕启封，那蒜瓣湛青翠绿，蒜把辣醋酸香溶在一起，扑鼻而来，是吃饺子的最佳佐料，拌凉菜也可以用，味道独特。

"腊八豆腐"是安徽黔县民间风味特产，在春节前夕的腊八前后，黔县家家户户都要晒制豆腐，民间将这种自然晒制的豆腐称作"腊八豆腐"。

北方一些不产或少产大米的地方，人们不吃腊八粥，而是吃腊八面。腊八的头一天用各种果、蔬做成臊子，把面条擀好，到腊八的早晨全家吃腊八面。

阅读链接

为什么在泡腊八蒜的时候要用紫皮蒜和米醋呢？这在民间是有一定说法的。紫皮蒜瓣小泡得透，蒜瓣硬崩瓷实，泡出的蒜脆香。

米醋色淡，泡过蒜色泽如初，橙黄翠绿，口感酸辣适度，香气浓而微甜。那老醋、熏醋泡过的蒜色泽发黑，蒜瓣不够绿，口感较差，尤其熏醋，略带煳味，也许这正是它的特色。

具有浓厚地域特色的腊八粥

腊八粥又叫"七宝粥""五味粥"。最早的腊八粥是用红小豆来煮，后经演变，加之地方特色，逐渐丰富多彩起来。

清人富察敦崇在《燕京岁时记》中记载颇有京城特色的腊八粥：

腊八粥者，用黄米、白米、江米、小米、菱角米、栗子、去皮枣泥等，和水煮熟，外用染红桃仁、杏仁、瓜子、花生、榛穰、松子及白糖、红糖、琐琐葡萄以作点染，切不可用莲子、扁豆、桂圆，用

天津腊八粥要加入龙眼

■煮好的腊八粥

则伤味。

　　每至腊七日，则剥果涤器，终夜经营，至天明时则粥熟矣。除祀先供佛外，分馈亲友，不得过午。并用红枣、桃仁等制成狮子、小儿等类，以见巧思。

　　天津人煮腊八粥，同北京近似，讲究些的还要加莲子、百合、珍珠米、薏仁米、大麦仁、黏秫米、黏黄米、芸豆、绿豆、桂圆肉、龙眼肉、白果、红枣及糖水桂花等，色、香、味俱佳。

　　后来还有加入黑米的。这种腊八粥可供食疗，有健脾、开胃、补气、安神、清心、养血等功效。

　　山西的腊八粥，别称八宝粥，以小米为主，附加以豇豆、小豆、绿豆、小枣，还有黏黄米、大米、江米等煮之。晋东南地区，腊月初五即用小豆、豇豆、红薯、花生、糯米、柿饼，合水煮粥，又叫甜饭，亦是食俗之一。

　　陕北高原在腊八之日，熬粥除了用多种米、豆之外，还得加入各种干果、豆腐和肉混合煮成。通常是早晨就煮，或甜或咸，按人口味自选酌定。

　　倘是午间吃，还要在粥内煮上些面条，全家人团聚共餐。吃完以后，还要将粥抹在门上、灶台上及门外树上，以驱灾辟邪，迎接来年的农业大丰收。

　　民间相传，腊八这天忌吃菜，说吃了菜庄稼地里杂草多。

　　关中地区的群众，都十分重视"腊八节"。但又各有不同的讲究。富平县的农家，这一天喜欢酿酒，名为"腊脚"；长安县的古风俗，这一天要煮肉糜，抛洒在花木之上，谓之"不歇枝"；乾县、礼泉一带，讲究腊八节要给老人送粥，女方家要请新女婿吃粥；凤翔一带则是用黄米和八种豆子，加上油盐做一顿腊八焖饭；铜川地区的农村，在这天还流传着为幼男幼女剃头理发的习惯。

　　陕南人腊八要吃杂合粥，分"五味"和"八味"两种。前者用粳米、糯米、花生、白果、豆子煮成。后者用上述五种原料外加大肉丁、豆腐、萝卜，另外还要加调味品。腊八这天人们除了吃腊八粥，还得用粥供奉祖先和粮仓。

　　甘肃人传统煮腊八粥用五谷、蔬菜，煮熟后除家人吃，还分送给邻里，还要

辟邪　也就是避凶，"辟"即"避"，"邪"即"凶"。辟邪是一类铭记历史教训、避免重蹈覆辙的信物。广义而言，民间使用的辟火、辟水、辟兵、辟车都可称为辟邪。广义辟邪，或者民俗中的辟邪应该指一种行为以及它所引起的一些礼仪形式。狭义的辟邪，是辟邪行为的一种工具。

■ 山西腊八粥的独特配料柿饼

■ 灶神 即灶王爷，也称灶王、灶君、灶公灶母等。我国古代神话传说中的司饮食之神。秦汉以前更被列为主要的五祀之一，和门神、井神、厕神和中溜神五位神灵共同负责一家人的平安。灶神之所以受人敬重，除了因掌管人们饮食，赐于生活上的便利外，灶神的职责，是玉皇大帝派遣到人间考察一家善恶之职的官。

用来喂家畜。在兰州、白银城市地区，腊八粥煮得很讲究，用大米、豆、红枣、白果、莲子、葡萄干、杏干、瓜干、核桃仁、青红丝、白糖、肉丁等煮成。煮熟后先用来敬门神、灶神、土神、财神，祈求来年风调雨顺，五谷丰登。

然后再分给亲邻，最后一家人享用。甘肃武威地区讲究过"素腊八"，吃大米稠饭、扁豆饭或是稠饭，煮熟后配炸散子、麻花同吃，民俗叫它"扁豆粥泡散"。

宁夏人做腊八饭一般用扁豆、黄豆、红小豆、蚕豆、黑豆、大米、土豆煮粥，再加上用麦面或荞麦面切成菱形柳叶片的"麦穗子"，或者是做成小圆蛋的"雀儿头"，出锅之前再放入葱花油。这天全家人只吃腊八饭，不吃菜。

青海的西宁人，虽是汉族人居多，可是腊八不吃粥，而是吃麦仁饭。将新碾的麦仁，与牛羊肉同煮，加上青盐、姜皮、花椒、草果、茴香等佐料，经一夜文火煮熬，肉、麦交融成乳糜状，清晨揭锅，异香扑鼻，食之可口。

门神 旧时农历新年贴于门上的一种画类。门神是道教和民间共同信仰的守卫门户的神灵，旧时人们都将其神像贴于门上，用以驱邪辟鬼，卫家宅，保平安，助功利，降吉祥等，是民间最受人们欢迎的保护神之一。

山东的"孔府食制"中，规定"腊八粥"分两种，一种是用薏米仁、桂圆、莲子、百合、栗子、红枣、粳米等熬成的，盛入碗里还要加些"粥果"，主要是雕刻成各种形状的水果，是为点缀。

这种粥专供孔府主人及12府主人食用。另一种是粳米、肉片、白菜、豆腐等煮成的，是给孔府里当差们喝的。

河南人吃腊八饭，是小米、绿豆、豇豆、麦仁、花生、红枣、玉米等8种原料配合煮成，熟后加些红糖、核桃仁，粥稠味香，寓意来年五谷丰登。

江苏地区吃腊八粥分甜咸两种，但煮法一样。只是咸粥是加青菜和油。苏州人煮腊八粥要放入慈姑、荸荠、核桃仁、松子仁、芡实、红枣、栗子、木耳、青菜、金针菇等。清代苏州文人李福曾有诗道：

腊月八日粥，传自梵王国，
七宝美调和，五味香掺入。

腊八粥原料

浙江人煮腊八粥一般都用核桃仁、松子仁、芡实、莲子、红枣、桂圆肉、荔枝肉等，香甜味美，食之祈求长命百岁。据说，这种煮粥方法是从南京流传过来的，其中内含若干传说。

四川地大人多，腊八粥做法五花八门，甜咸麻辣，而农村人吃咸味的比较多，主要是用黄豆、花生、肉丁、白萝卜、胡萝卜熬成的。异乡人来此品尝，虽入乡随俗，但很难习惯，堪称风味各异。腊八与粥可谓密切相关，而粥喝在腊八，也算是喝出花样，喝出水平。

从营养功效看，腊八粥具有健脾、开胃、补气、安神、清心、养血之功，并有御寒作用，是冬令的滋补佳品，故能传承百代而不衰。

还有一些地方过腊八煮粥，不称"腊八粥"，而叫作煮"五豆"，有的在腊八当天煮，有的在腊月初五就煮了，还要用面捏些"雀儿头"，和米、豆同煮。

据说，腊八人们吃了"雀儿头"，麻雀头，来年不危害庄稼。煮的这种"五豆"，除了自食，也赠亲邻。每天吃饭时弄热搭配食用，一直吃到腊月二十三，象征连年有余。

阅读链接

腊八节是我国民间重要的传统节日，清代，朝廷在腊八节的这天有赐粥的风俗。

清道光皇帝曾作诗《腊八粥》："一阳初复 中大吕，谷粟为粥和豆煮。应时献佛矢心虔，默祝金光济众普。盈几馨香细细浮，堆盘果蔬纷纷聚。共尝佳品达沙门，沙门色相传莲炬。童稚饱腹庆州平，还向街头击腊鼓。"

可以想见，施散腊八粥和皇家食用腊八粥，必然是人头攒动、人涌如潮。

上巳节

上巳节是我国汉族古老的一个传统节日，俗称三月三，该节日在汉代以前定为三月上旬的巳日，后来固定在农历三月初三，自此，农历的三月初三成为上巳日。

这天，人们把荠菜花铺在灶上以及坐、睡之处，认为可除蚂蚁等虫害，把荠菜花、桐花藏在毛衣、羽衣内，认为衣服可以不蛀，妇女把荠菜花戴在头上，认为可以不犯头痛病，晚上睡得特别香甜。

城乡人民还登惠山、鸿山、斗山、西高山踏青等活动来庆祝这一天。

节日起源及隋炀帝水饰流觞

那是在遥远的上古时期，中华民族的人文始祖伏羲根据天地万物的变化，发明创造了占卜八卦，创造文字结束了"结绳记事"的历史。

他又结绳为网，用来捕鸟打猎，并教会了人们渔猎的方法，发明了瑟，创作了曲子。

后来，伏羲和妹妹女娲团土造人，繁衍后代，我国的豫东一带一直将伏羲尊称为"人祖爷"，人们

■ 伏羲 是三皇之首。他和女娲同是中华民族的人文始祖，他受到了中华儿女的称赞和共同敬仰。他根据天地万物的变化，发明创造了八卦，这是我国最早的计数文字，是我国古文字的发端，从此结束了"结绳记事"的历史。伏羲后来被中国神话描绘为"人首龙身"，被奉为中华文明的人文始祖。

■ **真武大帝** 全称北方真武玄天上帝，又有玄天、玄天上帝、武大帝、北极大帝、北极佑圣真君、开天大帝、元武神等称；俗称上帝公、上帝爷或帝爷公。真武大帝为统理北方、统领所有水族之道教民间神祇，又称黑帝。我国北方在宋、元开始陆续修建真武庙，当中武当山、南京、杭州等地区大规模地修筑真武庙，寓意深刻。

还在伏羲建都的淮阳建起太昊陵古庙，由农历二月初二至三月初三为太昊陵庙会，善男信女都云集陵区，朝拜人祖。

农历三月初三，还是传说中王母娘娘开蟠桃会的日子。有一首《北京竹枝词》是这样描述蟠桃宫庙会盛况的：

三月初三春正长，蟠桃宫里看烧香。

沿河一带风微起，十丈红尘匝地扬。

传说西王母原是我国西部一个原始部落的保护神。她有两个法宝，一是吃了可以长生不老的仙丹，二是吃了能延年益寿的仙桃，也就是蟠桃。

神话传说中的嫦娥，就是偷吃了丈夫后羿弄来的西王母仙丹后飞上月宫的。此后，在一些志怪小说中，又把西王母说成了是一位福寿之神。

农历三月初三，也是道教真武大帝的寿诞。真武大帝生于上古轩辕之世，农历三月初三，是道教中主管军事与战争的正神。

各地的道教宫观，在三月初三这一天都要举行盛大的法会，道教

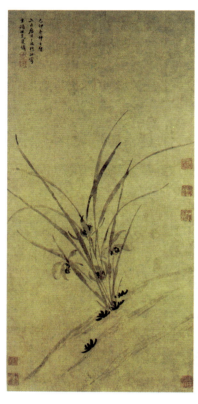

信徒们也会在这一天到宫观庙宇中烧香祈福，或在家里诵经祈祷。

"真武山太上真武碑记"对真武大帝的来历和国内主要的真武道场以及真武"救军旅之祸"的"仁人之心"都作了简明而艺术的阐释。说明了人们在三月初三纪念真武大帝的来由和意义。

也有相关记载认为，上巳节起源于兰汤辟邪的巫术活动，在这项活动中，兰草被用作灵物。

兰草有香气袭人的特点，古人在举行重大祭神仪式前，须先期进行斋戒，其中包括采用当时最好的沐浴方式，即兰汤沐浴，这在楚辞中有生动的描写。

祭神必斋戒，斋戒必沐浴，沐浴用兰汤，于是兰汤、兰草便与神灵有了联系。当兰汤沐浴成为一种辟邪法术时，这种沐浴活动就必须由专职的女巫进行组织和领导。三月上巳到河边洗除邪秽的"祓禊"风俗，从起源上看正与兰汤辟邪术密切相关。

由《诗经·郑风·溱洧》的描写可以看到，春秋时期郑国的祓禊活动最为典型，每到三月上巳日这天，郑国男女倾城而出，来到溱水、洧水之滨，手执兰草洗濯身体，祓除不祥。同一时期，其他地区也有河滨祓禊的风俗。

总之，早期的河滨祓禊礼俗与兰汤辟邪术属于同一巫术体系，因其皆是以兰草可辟不祥的观念为基础

■ 被称为"灵物"的兰草图

地支 是指木星轨道被分成的12个部分。木星的公转周期大约为12年，所以，我国古代用木星来纪年，故而称为"岁星"。后来又将这12个部分命名，这就是"地支"。

的，区别仅在于兰汤沐浴是个人行为，多在室内，并可随时实施，祓禊则是集体活动，必在河滨，并须定时举行。

古时以三月第一个巳日为“上巳”“巳”属于地支中的干位。过去纪年纪月纪日用六十花甲，即以天干“甲乙丙丁戊己庚辛壬癸”10字与地支“子丑寅卯辰巳午未申酉戌亥”12字轮番搭配，以数学组合方式组成60个组合形式来纪日纪年。

据《太平广记》记载，每年的三月上巳日，隋炀帝都会会群臣于曲水池滨，饮宴以观水饰。

所谓“水饰”就是指用木头雕刻而成的各种雕像，以历史上著名的河水神异故事为题材。比如神龟负八卦出河以授伏羲，黄龙负图出河以授黄帝，丹甲灵龟衔书出洛水以授苍颉，凤凰负图、赤龙载图出河并授尧，龙马衔甲文出河授舜等。

舜与百工群聚而歌，有人面鱼身且雪白而细之神鱼从水中跃出，捧河图授禹，其后盘旋舞蹈入河。禹治水，应龙以尾画地，凿龙门。禹过江，黄龙负舟，玄夷苍水使者授禹山海经。周始祖姜嫄于河滨履大人迹，弃后稷于寒冰之上，群鸟用羽翼护而暖之。

周武王渡河，赤文白鱼跃入王舟。穆天子觞西王母于瑶池之上，秦始皇入海见

禹 姒姓，夏后氏，名文命，号禹，后世尊称其为大禹。他是夏后氏首领、夏朝第一任君王。他是我国传说时代与尧、舜齐名的贤圣帝王，他最卓著的功绩，就是历来被传颂的治理滔天洪水，又划定我国国土为九州。大禹为了治理洪水，长年在外与民众一起奋战，置个人利益于不顾，治水13年，耗尽心血与体力，终于完成了这一件名垂青史的大业。

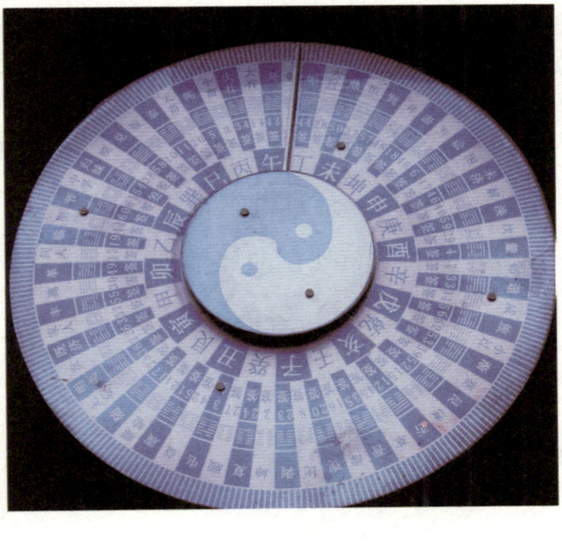

干支八卦图

■ 水饰木雕

海神巨鱼，汉武帝泛楼船于昆明池，屈原自沉汨罗水，孔子春日浴于沂，周处斩蛟，女子秋胡妻赴水，许由洗耳，庄惠观鱼，巨灵开山，长鲸吞舟等，总72势，构成一个连环画系列，是我国古代水文化的精华。

皆刻木为之，或乘舟，或乘山，或乘平川，或乘磐石，或乘宫殿。

其人物长2尺以上，衣装齐整，栩栩如生，而杂以禽兽鱼虫之类，皆可运动自如，逼真自然。

这些水饰布列在曲江池内，随水而周行，中间伴以伎船12艘。伎船长一丈，阔6尺，每条船上都排放有一个雕刻人物组成的乐舞分队：

木人奏音声，击磬、撞钟、弹筝、鼓瑟皆得成曲，及为百戏，跳剑、舞轮、升竿、掷绳皆如生无异。

伎船与水饰皆装扮得富丽堂皇，放在曲池的岸边，可以环池自动依次而行，其本身又变幻多端，奇异出于言表，而这些都是以特殊的水力机械进行推动的。

隋炀帝君臣团坐在曲池周围，除了观赏优美奇妙的水饰和聆听伎船的悦耳音乐外，还有爽口的美酒由机械木人送来，供其口腹之欲，这就从各种感官上让赏玩者达到了生理的享受与心理的满足。

做长8尺的小舸子船七艘，周环其池，向观赏者敬酒。船上有小木人5个，各长2尺，一人立于船头端着酒杯，一人立其旁捧着盛酒之钵，一人在船后撑船掌握方向，两个人在中央摇动双桨。

侍宴宾客落座于曲池回曲之处，行酒小船循岸而行，行速超过水饰，一般是水饰绕池一周，酒船要绕池正好3周，即酒船速度3倍于水饰，敬酒3巡，而且同时停止，不差分毫。

酒船到了座客之处即自行停住，擎酒木人于船头伸手把酒杯敬送给客人，宾客取酒一饮而尽，然后把

隋炀帝 也就是杨广，是隋朝的第二个皇帝。隋文帝杨坚、独孤皇后的次子，581年立为晋王，600年立为太子，604年继位。他在位期间修建大运河，营建东都洛阳城，开创科举制度，亲征吐谷浑，三征高句丽，因为滥用民力，造成天下大乱直接导致了隋朝的灭亡。《全隋诗》录存其诗40多首。

■ 隋炀帝游运河浮雕

■古代酒器

酒杯交还给木人。

木人接杯后，转身向持酒钵之人要来酒勺，用勺子从钵中打酒重新斟满酒杯，并把勺子交还。其后小船按程序自动地前进，每到坐有宾客之回曲处，皆如前法敬酒、斟酒。这些都是在曲池岸边或水中船上安有机关，才能达到的神奇境界。

这种环绕曲池，边饮自来之酒，边欣赏水中雕刻，享受机械人乐舞的曲水流觞的神奇工程是由黄衮设计和制造出来的。

隋炀帝对此特别感兴趣，欣赏之余仍不忘命学士杜宝撰《水饰图经》，用文字把水饰故事描绘出来，命画工把各种水饰图示出来，以留存于世。

后来，"曲水流觞"就逐渐发展成为上巳节的一种饮酒风俗。

阅读链接

相传，农历三月初三是江西省宜丰县潭山龙岗邹氏发祖公的诞生日，要唱戏三天，以示祭祖。

每年的农历三月初三，潭山镇一带都要举行传统"三月三"物资交流大会，当地方言称为牛嘘，每次物资大会都会有土特产、种子、耕牛、花卉、书画、娱乐等七大交易市场。

"三月三"物资交流大会起源于清朝初期潭山镇龙岗村，已经有300多年的历史。当时邹氏村民为了方便十里八乡乡民，在每年农历三月初三都会举行以土特产、种子、耕牛为主的物资交易。几百年来，参加交流的商品随着时代的变迁而丰富多样。

上巳节在唐代的多样风俗

关于"上巳节"最早的记载，出现在汉初的文献中。《周礼》郑玄注：

岁时被除，如今三月上巳如水上之类。

据记载，春秋时期上巳节已经开始流行了。由于农历三月上旬的巳日每年都是不同的，所以到魏晋时便以固定的三月初三来代替上旬巳日。旧俗以此日临水沐浴以被除不祥，所以也名为修禊，到后来逐渐演变成一个到水边饮宴、郊游踏青的节日。

过去，在这一天，满朝的文武百官都是有集体休假的规定

《周礼·夏管司徒》

■ 秋千图

的，皇帝经常会利用这个日子来宴请新科的进士，而普通的百姓和官员则会到野外郊游和踏青。

青年男女在这一天得到了彻底的解放，可以不受礼教约束，行我所行，爱我所爱，自由交往。在郊外水滨荡秋千，放风筝，观风景，青年男女对歌抒怀，各行其乐。

到了唐代，这种风气还一直流传着，甚至连皇家戒备森严的宫廷也敞开了大门，让嫔妃宫女到郊外欢度一日。

唐代人对上巳节非常重视，将其与晦日、重阳节并称为三节令，皇帝赐钱百僚，让他们选胜观赏，进行宴乐。这更促进了上巳日节俗活动的发展。每至此日，长安的百姓们就纷纷走出家门，涌向水边草地，修禊以外尽情地游赏。

唐代诗人殷尧藩在《上巳赠都上人》诗中就写出了这种热闹的景象：

刘驾 唐代诗人。与曹邺为诗友，俱以工于五古著称，时称"曹、刘"。其诗敢于抨击统治阶级的腐化昏庸，能够反映民间疾苦。辛文房称其"诗多比兴含蓄，体无定规，兴尽即止，为时所宗。"《全唐诗》录存其诗68首，编为一卷。

三月初三日，千家与万家。
蝶飞秦地草，莺入汉宫花。
鞍马皆争丽，笙歌尽斗奢。

唐代诗人唐彦谦的《上巳寄韩八》也说：

上巳接寒食，莺花寥落晨。

微微泼火雨，草草踏青人。

据记载，唐都长安上巳节的节俗活动的内容十分丰富多彩，修禊和流觞是其独有的活动，此外，还有踏青、赏花、插花、泛舟、歌舞等多种节目，上巳日也因而成为春季节日庆典的高潮。

景色艳丽、面积广大的曲江风景区是长安上巳节俗活动的中心舞台。三月三这天，皇帝亲幸芙蓉园，并赐宴百官曲江亭上或曲池彩舟之中，太常、教坊乐舞也来助兴，都人蜂拥而至，倾动皇州，以为盛观。唐代诗人刘驾的《上巳日》诗描述出曲江上巳日的热闹景象：

上巳曲江滨，喧于市朝路。

相寻不见者，此地皆相遇。

日光去此远，翠幕张如雾。

何事欢娱中，易觉春城暮。

物情重此节，不是爱芳树。

明日花更多，何人肯回顾。

《仕女赏花图》

其后的日子虽然可能花更鲜艳，景更亮丽，但只有上巳节这一天是最受重视的日子，大家齐集曲江水滨，彩幕连绵，欢娱尽日。

这充分显示出节俗文化的魅力，即一旦形成一种习俗，就会产生一个全民趋同

■ 国画《风筝图》

的心理，致使这一天的活动有了神圣的意义，令人欲罢不能。

唐代诗人许棠在《曲江三月三日》诗中也表达了相同的意思：

> 满园赏芳辰，飞蹄复走轮。
>
> 好花皆折尽，明日恐无春。
>
> 鸟避连云幄，鱼惊远浪尘。
>
> 如何当此节，独自作愁人。

修禊和流饮是上巳节习俗中最为独特的两个习俗了。修禊是指在上巳日赴水滨的沐浴活动。周时已有此俗，《周礼·春官·女巫》记载：

> 女巫掌岁时祓除衅浴。

进士 我国古代科举制度中，通过最后一级中央政府朝廷考试的人称为进士。是古代科举殿试及第者的称呼。意思是可以进授爵位的人。隋炀帝大业年间始置进士科目。唐代也设此科，凡应试者称为举进士，中试者都称为进士。元、明、清时期，贡士经殿试后，及第者皆赐出身称进士。

东汉末年的经学大师郑玄解释说：

岁时被除，如今三月上巳如水上之类。衅浴谓以香薰草药沐浴。

也就是说在三月上巳日这天要来到水边祭祀，并用浸泡了香草的水沐浴。这样就可以被除疾病和不祥。史书上称这种礼仪为"禊"或"修禊""被禊"。

唐时，赐宴曲江，倾城于此禊饮，象征性地用清水洗涤沐浴后，以春气除却冬日的积垢，并戏水嬉游，饮宴赏春取乐。

其修禊的礼仪色彩相对减弱，享受生活的宴饮与春游活动却成为最重要的内容，说明了唐代节日习俗基本完成了由娱神向娱人的升华。

流觞是指上巳节进行的一种饮酒习俗，常称"曲水流觞"。曲江是唐都长安的公共园林，不仅皇帝、百官、进士们可以来此游宴，而且也向全体的百姓开放，尤其是长安的春时节日很多，在晦日或中和节与上巳节日，君臣万民同游，一派繁华景象。

《辇下岁时记》记载：

开元中，都人赏于曲江，莫盛于中和、上巳节。

曲江饮宴有大型的宴会，比如中和节、上巳节的皇家赐宴百

沐浴图

《流觞曲水图》

官，也有中等规模的，比如进士们的文酒会、相知仕女或公子们的探春宴等，在胡人经营的小酒馆、赏春的亭子间、游荡的船舫上、临时搭建的帐篷内，甚至草地花丛中都可随时举办。

《开元天宝遗事》载：

> 长安贵家子弟，每至春时，游宴供帐于园圃中，随行载以油幕，或遇阴雨，以幕覆之，尽欢而归。

在上巳节活动中，祭祀高禖也是最主要的活动，高禖又称郊禖，是管理婚姻和生育之神，因供于郊外而得名。禖同媒，禖又来自腜。最初的高禖，属女性，而且是成年女性，具有孕育状。

事实上，远古时期一些裸体的妇女像有着非常发达的大腿和胸部，还有一个向前突出的肚子，在汉代画像石中就有高禖神形象，还与婴儿连在一起。

辽宁红山文化遗址的女神陶像，就是生育之神。后来高禖有了很大的变化，如河南淮阳人祖庙供奉的伏羲，就是父权制下的高禖神。

起初上巳节是一个巫教活动，通过祭高禖、祓禊和会男女等活动，除灾避邪，祈求生育。从这种意义上说，上巳节又是一个求偶节、求育节。

汉代以后，上巳节虽然仍旧是全民求子的宗教节日，并传说农历三月初三是西王母的生日，但已经是贵族炫耀财富和游春娱乐的盛会。

在上巳节中还有临水浮卵、水上浮枣和曲水流觞三种活动。在上述三种水上活动中，以临水浮卵最为古老，它是将煮熟的鸡蛋放在河水中，任其浮移，谁拾到谁食之。水上浮枣和曲水流觞则是由临水浮卵演变来的。

不过，这是一种比较文明的孕育巫术。曲水流觞和临水饮宴则是这种巫术的演变，后来逐渐成为文人雅士中盛行的一种娱乐活动。

古时，每到上巳节这天，无论是平民百姓，还是帝王嫔妃、公卿大臣，都要到江河池沼之滨洗濯沐

祭祀 是华夏礼典的一部分，更是儒教礼仪中最重要的部分，礼有五经，莫重于祭，是以事神致福。祭祀对象分为三类：天神、地祇、人鬼。天神称祀，地祇称祭，宗庙称享。祭祀的法则详细记载于儒教圣经《周礼》《礼记》中，并有《礼记正义》《大学衍义补》等书进行解释。

■《雅聚图》

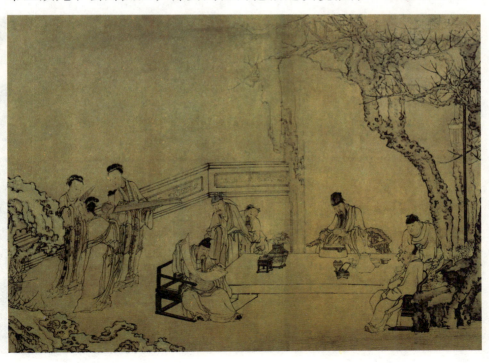

浴，以求消灾祛病、祈福求祉、祓除不祥。

关于这一习俗的起源，《宋书》有如下的说法：

> 旧说，后汉郭虞者，有三女，以三月上辰产二女，上巳
> 产一女，二日之中而三女并亡。俗以为大忌，至此月此日不
> 敢止家，皆如东流水上为祈禳自洁濯，谓之禊祠。

其实，这只是民间的演绎，不足为信。早在先秦时代，通过沐浴洗濯而以祈达到消灾祛病目的的风俗就已相当盛行，而在周朝时，在规定的时间里行"祓除衅浴"之礼已成为一种制度，并有专门的女巫掌管此事。

到了魏晋时代，上巳节逐渐演化为皇室贵族、公卿大臣、文人雅士们临水宴饮的节日，并由此而派生出上巳节的另外一项重要习俗，即曲水流觞。

■曲水流觞图

众人坐于环曲的水边，把盛着酒的觞置于流水之上，任其顺流漂下，停在谁面前，谁就要将杯中酒一饮而下，并赋诗一首，否则罚酒三杯。

魏明帝曾专门建了一个流杯亭，东晋海西公也在建康钟山立流杯曲水。梁刘孝绰的《三日侍华光殿曲水宴》诗道：

羽觞环阶转，清澜傍席疏。

历史上最著名的一次"曲水流觞"活动要算王羲之与其友在会稽举行兰亭之会了。353年的三月初三上巳日这天，晋代有名的大书法家、会稽内史王羲之偕亲朋谢安、孙绰等42人，在兰亭修禊后，举行饮酒赋诗的"曲水流觞"活动，引为千古佳话。这一儒风雅俗，一直留传下来。

当时，王羲之等在举行修禊祭祀仪式后，在兰亭清溪两旁席地而

觥 盛酒器。流行于商晚期至西周早期。椭圆形或方形器身，圈足或四足。带盖，盖做成有角的兽头或长鼻上卷的象头状。有的觥全器做成动物状，头、背为盖，身为腹，四腿做足。然觥与兽形尊不同，觥盖做成兽首连接兽背脊的形状，觥的流部为兽形的颈部，可用作倾酒。

黎族 我国岭南民族之一，黎族源于古代百越的一支。西汉曾以"骆越"，东汉以"里""蛮"，隋唐以"俚""僚"等名称泛称我国南方一些少数民族。黎族壮侗民族后裔。

坐，将盛了酒的觥放在溪中，由上游浮水徐徐而下，经过弯弯曲曲的溪流，觥在谁的面前打转或停下，谁就即兴赋诗并饮酒。

据史载，在这次游戏中，有11人各成诗两篇，15人各成诗一篇，16人作不出诗，各罚酒三觥。

王羲之将大家的诗集起来，用蚕茧纸，鼠须笔挥毫作序，乘兴而书，写了举世闻名的《兰亭集序》，被后人誉为"天下第一行书"，王羲之也因之被人尊为"书圣"。

在上巳节中还有一种非常奇特的风俗，即"会男女"。这种风俗由来已久，本来自氏族时期的季节性婚配，后来也有残存，如广西左江崖画、成都汉墓画像砖上都有相关的图案，后来的记载也多见此俗。

在我国少数民族地区有不少会男女的风俗，如黎族的三月三、苗族的爬坡、布依族的抛绣球等。踏青也是此类遗风。

江苏武进地区在三月初三游南山，民谣道：

■《兰亭修禊图》

三月三，穿件单布衫，大蒜炒马兰，吃了游南山。

自道教在我国兴起之后，人们普遍认为农历的三月初三是西王母的蟠桃会之日。拜西王母在我国普遍盛行，但其他地方也有祭其他神求子的风俗，如扬州拜三茅真君，又称瞎子赛会；温州则在农历三月初三供无常鬼，祈求健康，多生贵子；厦门有石狮会；成都有抛童子会。在抛童子会上，谁抢到童子，谁就能生子，故抢到童子的人被视为英雄。

娘娘庙神像

山东齐河不育妇女，在农历三月初三要去娘娘庙烧香叩拜，主持赐给一根红线，求育者用红线拴一个泥娃娃，象征娘娘神赐子，生子后把泥娃娃放在墙洞内，每年的农历三月初三都要给娘娘神烧香上供。在杨柳青年画中有一幅"大娃娃"年画，说明京津地区也流行拴娃娃风俗。

上巳节虽然主要是祈求人类繁衍，但是古代信仰认为人的繁衍也能促进农作物的繁殖。民间流传的麦生日，就认为麦与人一样有一种生育能力。

此外，还有踏青、赏花、插花、泛舟、歌舞等多种节目。踏青也称春游，唐长安特盛，《开元天宝遗事》记载：

长安春时，盛于游赏，园林树木无闲地。

■ 唐代壁画乐舞图

《秦中岁时记》记载：

唐上巳日，赐宴曲江，都人于江头褉饮，践踏青草，谓之踏青。

春时百花开，除牡丹外，唐人也喜欢观赏杏、桃等花。曲江西侧有杏园，春时数顷杏花盛开，赏花人川流不息，《开元天宝遗事》记载：

杨国忠子弟，每春至之时，求名花异木植于槛中，以板为底，以木为轮。使人牵之自转，所至之处，槛在目前，而便即欣赏，目之为移春槛。

车载花槛构成一道流动的风景，供游赏者观看，也是唐都长安人赏花方式之一奇。

插花是把鲜花折下插在头上发鬟间或别在衣领上。杜牧《杏园》诗所谓："莫怪杏园憔悴去，满城多少插花人"，就是插花习俗描述，唐诗中还有"间插花枝万万头""好花皆折尽"的文句，皆属同类。

斗花是用名花奇卉进行比赛，以拥有或头上插戴多而奇者获胜。《云仙杂记》卷四记载：

霍定与友生游曲江，以千金募人窃贵侯

亭榭中兰花插帽，兼自持往绮罗丛中卖之。士女争买，抛掷金钱。

唐长安平民的赏花，进士们的探花，仕女们的插花、斗花，生意人用此商机出现的种花、卖花，多是围绕曲江风景区的杏园、慈恩寺及外围杜陵而进行的。由此可知民俗风情一旦形成会对经济产生巨大的推动作用，关键是我们如何像唐人那样首先塑造出一个文化氛围来。乐舞即音乐、歌唱、舞蹈。据《开元天宝遗事》记载：

> 杨国忠子弟，恃后族之贵，极其奢侈，每春游之际，以大车结彩帛为楼，载女乐数十人，自私第声乐，出游园苑中。长安豪民贵族皆效之。

春游时，唐人载歌载舞，据《曲江春宴录》记载，每年春时，人们剪百花，装饰成狮子形，颈扣小连环，用蜀锦流苏牵之，互相赠送，以贺春，并唱到："春光且莫去，留与醉人看。"这似乎成为当时很流行的春游礼品与惜春歌曲。

阅读链接

上巳节，又称元巳节、修禊节，最初在每年农历三月的第一个巳日，后来为了便于记忆，自魏晋时起，人们便将它固定在每年农历的三月初三，而不再问逢巳与否。

《晋书》卷二十九《礼志》载"汉仪，季春上巳，官及百姓皆禊于东流水上，洗濯祓除，去宿垢。而自魏以后，但用三日，不以上巳也。"

关于上巳节的起源，据专家考证，可能源于上古时期对主管爱情、婚姻和生育的女神的祭祀活动及由此而来的仲春之会。

传统佳节中的饮食习俗

　　传说在很古的时候，阳间和阴间之间的界限并没有像后世一样严格的规定，死人的魂魄可以到阳间玩玩，活人的魂魄也可以到阴间看看，方便得就像走亲戚一样。

鬼市雕塑

■ 传说中阎罗殿图

　　每年的农历三月初三，阴阳生死之间的界限更加宽松了。三月初三晚上，阴间的街市到处张灯结彩，披红挂绿，大街小巷挤满了华丽的鬼魂。随处可见龙灯、狮舞、高跷、花船，其热闹繁荣非人间的春节可比。

　　因而在这天晚上，人的魂魄经受不了阴间的诱惑，纷纷到鬼市去游玩，他们有的游荡于街头巷尾观灯看戏，有的在酒楼茶肆喝酒听曲，有的趁机去望从未见过面的列祖列宗。

　　待到雄鸡报晓，鬼市收市时，大多数的游魂心满意足地回到各自的躯体。少数游魂乐而忘返，就留在阴间了。

　　第二天，阳间一片哭声，人们为那些魂魄不归的亲人请来和尚道士念经画符招魂。亲人撕心裂肺的呼喊及和尚道士的经文符咒能招回一些不贪玩的游魂，

高跷 舞蹈者脚上绑着长木跷进行表演的形式，技艺性强，形式活泼多样，由于演员踩跷比一般人高，便于远近观赏。关于高跷的起源，学者们多认为与原始氏族的图腾崇拜、与沿海渔民的捕鱼生活有关。

■ 古书上的荠菜图

观音 又作观世音菩萨、观自在菩萨、光世音菩萨等。传说他相貌端庄慈祥，经常手持净瓶杨柳，具有无量的智慧和神通，大慈大悲，普救人间疾苦。当人们遇到灾难时，只要念他的名号，他便前往救度，所以称观世音。观世音菩萨在佛教诸菩萨中，位居各大菩萨之首，是我国百姓最崇奉的菩萨，拥有的信徒最多，影响最大。

一些玩性大的在7天身体腐烂后，就长离人间了。

因此，农历三月初三就成了人间恐怖不安的日子，被人们称为"鬼节"。不管人们如何恐惧，每年三月初三的"鬼节"还是照常光临。节日前夕，人们都拥到庙里烧香磕头，祈求神灵菩萨保佑。人间浓烈的香火，直冲到观音菩萨的莲花座前。

观音掐指一算，知道了人间烧香的原委。一天晚上，她托梦给一个老奶奶，说："我是南海观音菩萨，知道人间有难，特来拯救你们。我赠你仙草一株，用它和面做粑粑吃下，三月初三保管无恙。"

老奶奶一觉醒来，手里果然拿着一株青茸茸的小草，仔细一看，跟地里长的青蒿一样。她把观音菩萨托梦赠草的事告诉乡亲，大家都很欢喜，忙到地里去采摘青蒿，磨面做粑粑吃。

说也奇怪，凡是三月初三吃了蒿子粑粑的人都平平安安地过了"鬼节"关。这个消息很快传遍各地，每年三月初三前夕，姑娘妇女就成群结队到山间地里采摘青蒿做粑粑，安徽舒城、霍山民间一直都有三月初三吃蒿子粑粑的习俗。

农历三月初三，还有吃地菜煮鸡蛋的习俗。荠菜又称地菜、田儿菜等，是生长在田头地角的一种野菜。虽说是野菜，却鲜香可口、营养丰富。民谚道：

三月三，荠菜当灵丹。
三月三，荠菜煮鸡蛋。

春天正是采食荠菜的季节，春食荠菜也是民间由来已久的传统习俗。中医认为荠菜味甘、性凉，归肝、脾、肾经，有和脾、利水、止血、明目等效用。荠菜食用方法很多，可拌、可炒、可烩，还可用来做馅或做汤，均色泽诱人、味道鲜美，是一道药食同源的美味佳蔬。

在湖南，用荠菜来煮鸡蛋是最常见的一种吃法。每到三月初三这天，荠菜便长茎开花，妇女都会采摘来插在发际。

因荠菜的谐音是"聚财"，故此，老百姓又根据民间传说，于三月初三这一天，在祭祖的时候，借助祖先的神灵和财气，人们会将新鲜荠菜洗净后捆扎成一小束，放入鸡蛋、红枣，再配两三片生姜，煮上一大锅，全家都吃上一碗，食之既可交发财运，又可防治头痛头昏病，久而久之便形成一种民间特有的食疗习俗。据说可以祛风湿、清火，腰腿不痛，而且还可预防春瘟。

阅读链接

宋朝后，农历三月上巳风俗渐渐衰微，一些习俗仍在流传。

明初时，朱元璋皇帝为示太平盛世、与民同乐，三月初三携大臣们一道春游，这天"金陵城扶老携幼，全家出动。牛首山彩幄翠帐，人流如潮"。

后来，我国各地还留有三月初三消灾除凶的风俗，如北京一带"三月三，病创者多以长流水洗之"；江苏吴中地区"三月三，人家皆以野菜花置灶陉上，以厌虫蚁"；安徽寿春地区"三月初三，士女多携酒饮于水滨，以襫被不祥。妇女小孩，头插荠菜花，俗谓可免一岁头晕之病……"

少数民族中的三月三节俗

壮族三月三对歌人偶

上巳节在许多少数民族地区都流行，瑶族、壮族、侗族、布依族、畲族、黎族、土家族、土族、水族、苗族、仫佬族、毛南族也都过上巳节。

相传在很久以前，野兽经常出入瑶族村寨伤人、损坏庄稼，为了保卫家园，寨子的民族英雄盘古率勇士上山狩猎、捕杀猛兽。盘古不幸被羚羊用角顶破腹部而当场死亡，那天正是农历的三月初三。

为了纪念民族英雄盘古，瑶族人民把每年的三月初三日定为纪念盘古的日子，取名"三月三"又名"干巴节"，即每年的"三月三"之前，瑶族男人都提前一个星期到老林狩猎、捕杀野兽、下河捞鱼

■ 侗族三月三吹芦笙

摸虾，并且烤成干巴带回家里。并将捕获的野物鱼类按户分配，共享收获的欢乐，后云集于广场，唱歌跳舞，欢度佳节。

妇女们则在这天上山采摘小靛叶等天然染料，煮水后染成红、黄、蓝、紫等颜色的糯米饭用于敬献盘古，年复一年，一直传了下来。

过去"三月三"，瑶族人民放下手中的农活集体休息一天，以祭奠盘古，即妇女们休息做针线活、男人们读经书、喝酒、娱乐，姑娘和小伙子们却相约到寨子边的荒山上、丛林里对歌、玩耍、谈情说爱。

壮族在三月初三会赶歌圩，人们搭歌棚，举办歌会，青年男女们对歌、碰蛋、抛绣球，谈情说爱。相传为纪念壮族歌仙刘三姐而形成的节日，故又称歌仙节。壮族多于三月初三来扫墓，通常在三月初三时蒸五色糯米饭。

抛绣球 用彩绣做成的绣球，是我国民间常见的吉祥物，姑娘抛出的绣球，代表着姑娘的心。抛绣球是壮族人民喜闻乐见的传统体育项目。它的历史可追溯到2000多年前。当时用以甩投的是青铜铸造的古兵器"飞砣"，并且多在作战和狩猎中运用。

千秋佳节

传统节日与文化内涵

■ 侗族三月三节歌舞表演

侗族 我国一个少数民族。居住区主要在贵州、湖南和广西的交界处，湖北恩施也有部分侗族。侗族的祖先可以追溯到秦汉时期的百越、干越。隋唐五代宋朝时期"僚"、元明清时期的"峒人"，后来又有许多汉族人来到他们的居住地，与当地人混合而成，统称为"侗族"。

据侗族传说，古时侗族的原始属地总是以桐树开花时为插秧节。但有一年桐树没有开花，结果误了农时，只好逃荒到贵州镇远报京一带。

为了吸取过去的教训，每到三月初三人们便吹芦笙唱歌，走访亲友，并相互提醒该忙农事了。侗族多于节日举行抢花炮、斗牛、斗马、对歌、踩堂等活动，亦称"花炮节"。

侗族的三月三，节期为5天。每逢农历三月初一，家家户户便开始准备。三月初二，姑娘们相邀到河边捞鱼抓虾，并与小伙子们在坡上备办野餐。

初三清晨，姑娘们精心打扮后，提上精巧的竹篮，到菜园采来满篮葱蒜，在泉边用水洗净。她们排成一字长龙，站在水边小路上，羞涩地挥动手中的篮子，悄悄地向山坡上张望，等待情郎讨取。

这个时候，山坡上早已站满了人，里边有姑娘的家人，要看看到底是哪家后生讨走了篮子。一群穿着整洁青布对襟上衣的小伙子，在人们善意的哄笑中，一个跟一个地走上水边小路。

这时，小伙子们当众向意中人讨篮，得到者会迎来一阵"噢噢"的赞叹声，小伙子可与姑娘悄声约定还篮时间。

讨不到篮子的小伙子会招来围观者"嘘嘘"的嘲讽声，而后在寨旁山坡上对歌，以歌声继续寻觅知音，一直唱到天亮。这天中午，人们集中在寨中心的场地上欢歌狂舞。

在三月初四这天，还要举行盛大的化装舞会。三月初五下午要为前来观看的邻近村寨的客人举行欢送仪式。

三月三也是布依族较为普遍的传统节日，俗称"三月三"。节日来源与活动内容，随居住地区不同而有所区别。贵阳市乌当区新堡乡一带布依族将"三月三"又叫"祭地蚕"，俗称"地蚕会"。

布依族 我国少数民族之一。布依语属汉藏语系壮侗语族壮傣语支，没有本民族文字。布依族以农业为主，种植水稻的历史较为悠久。享有"水稻民族"之称。红水河流域还是我国最重要的林区之一。

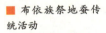
■ 布依族祭地蚕传统活动

■ 布依族祭祀

传说古时有一庄稼汉，发现年年春播之后都有许多地蚕将幼苗咬死。经过反复观察，他认为地蚕是天神放到大地的"天马"。为避免幼苗遭受虫害，他用了许多方法祭祀都不灵验。后来，他在春播时炒包谷花去喂地蚕，结果保住了幼苗。

这个消息很快传到远近的布依人家。此后，这一带的布依族为了保护农作物，争取获得丰收，于每年三月初三这天，都用炒包谷花做供品，三五成群地至附近山坡祭祀"天神和地蚕"，祈求天神保佑，不叫地蚕咬死田地里的禾苗，让五谷丰登。祭毕，人们沿田边土坎边走边唱山歌，并把包谷花撒向田土中。

贵州罗甸坝王河一带，因气温较低，此时枫叶尚小，未能着色，以三月初三为"枫叶节"。节日这天，人们到山野踏青游春，儿童们摘嫩枫叶做成圆球抛打，妇女们则摘几片嫩枫叶插在头髻上。

此外，家家把糯米染成五颜六色，做花糯米饭吃。青年们到山坡上吹木叶、唱山歌。如遇上称心如意的对手，晚上便相邀到布依村寨，通宵达旦地对歌。临别时，主人家用芭蕉叶包着花糯米饭和鸡腿肉分送歌手，作为节日的礼物。

贵州望漠县布依族传说三月初三是"寒日"，吃

山神 古人将山岳神化而加以崇拜。从山神的称谓上看出山神崇拜极为复杂，各种鬼怪精灵皆依附于山。最终，各种鬼怪精灵的名称及差异分界都消失了，或者你中有我，我中有你而互相融合了。演变成了每一地区的主要山峰皆有人格化了的山神居住。

了狗肉可以驱寒。此日有用狗肉请客的习俗。

贵州安龙县部分布依族传说三月三是"山神"的生日。人们为避免山神放出蝗虫伤害庄稼，确保农业丰收，旧有扫寨祭山神的习俗。

"三月三"这天，人们到村寨山神坛前摆设雄鸡、刀头等供品，还要杀一只狗，将血洒在纸旗、纸马和寨子进出要道口的石头上，然后由"老魔公"及其他人员携带淋有狗血的纸旗、纸马到各家各户扫除妖魔鬼怪。

各家大门口要设置一张长凳，凳上摆一只装满清水的水碗和一只装有瓦砾石粒的碗。

"老魔公"在大门口咒念"魔经"，打几个"农阳卦"，再将瓦砾石粒向这家房屋内乱撒，将水碗的水四处乱泼，掀翻大门前的长凳，扣起水碗，意为扫除了魔鬼。

最后，给这家插上沾有狗血的纸旗、挂上纸马，另赴他家去扫。村寨住户都轮扫完毕，"老魔公"回到神坛，将收扫妖魔鬼怪集中镇压于神灵之前，然后全寨男人于神坛就地会餐，称为"陪神吃饭"。

贵州安龙县的德卧镇布依族称"三月三"为"赶毛杉树"，又叫"毛杉树歌节"，为期三天，聚会者达数万之众。云南罗平八达河一带的布依族的三月三，是男女青年唱歌对调的节日。

这天，男女老少来到河边听青年们唱山歌，观看孩子们比赛划竹排，有的人家还给孩子做花糯米饭分送到边和寨旁，有的则用小花布

布依族服饰

■ 畲族舞蹈人偶

畲族 是我国人口较少的民族之一，散居在我国东南部福建、浙江、安徽、江西、广东省境内，其中90%以上居住在福建、浙江广大山区。为古代闽越族遗民的后代，在古代时被迁入处州，即浙江丽水，是我国典型的散居民族之一。

口袋装上鸡蛋和各类食品，供玩耍和参加比赛活动的青少年吃。

云南罗平县牛街的布依族男女青年则要在这三天中，举行盛大的游山、对歌和交友活动。

方圆几十里的各族青年，届时也来到马把山腰一带，参加和观赏这一传统的赛歌对调活动。歌手们可以在这样的场合中大显身手，凭着即兴作诗吟唱的天才，能和对手连唱三天三夜甚至更长的时间。有许多男女青年通过这些活动建立了爱情关系。

畲族以三月三为谷米的生日，家家吃乌米饭。传说，唐代畲族英雄雷万兴率起义军抗击官军围剿，以乌稔果充饥而军威大振，于三月三这天突围成功，连战连捷。畲民为纪念此事，每年三月三要吃乌米饭，集会对歌。

在畲族民众中，三月三是可以与春节相提并论的重大节日。这天，家家户户要宰杀牲口，祭祀祖先。许多人家往往选择这一天举办婚礼。

夜幕降临时，则举行篝火会，竞相对歌。畲民善对歌，还要赶舞场，跳起火把舞、木拍灵刀舞、竹竿舞、龙灯舞、狮子舞、鱼灯舞。同时还有问凳、操石磉、腹顶棍、操杠、赶野猪等畲族民间竞技。

黎族称三月三为"孚念孚"，为预祝"山兰"和打猎丰收的节日，也是青年男女自由交往的日子，人们称它为谈爱日。关于它的来历，有个美丽的传说故事。

相传很久以前，海南七指岭地区遇到罕见的大旱，人们度日如年。

一天清早，一个名叫亚银的年轻人告诉大家，说他梦见一只百灵鸟，要想摆脱这场灾难，必须爬上五指山的顶峰，吹起鼻箫诱捕它。亚银自告奋勇地登上五指山顶峰，他在山顶上吹起他心爱的鼻箫。

一直吹了三天三夜，一只百灵鸟才从幽谷中飞来，亚银赶忙追捕，他追过一座山岗，最后亚银定神一看，百灵鸟变成了一位非常漂亮的黎族姑娘。姑娘答应跟亚银到人间解救灾难。

旱灾解除后，未想到却触怒了峒主。他派家丁把百灵姑娘捉去，这时亚银赶来，他俩躲进一个山洞里，峒主命令家丁用火烧，当火烧到山洞时忽然乌云滚滚、雷声大作、石裂山崩，把万恶峒主和他的家丁全压死了。

亚银和百灵姑娘变成一对鸟儿，飞上天空，乡亲们闻讯赶来，目送他们，激动地跳起舞、唱起歌，祝他们美满幸福。这一天正是农历三月初三，从此这一

鼻箫 黎族富有特色的边棱气鸣乐器，因用鼻孔吹奏而得名。吹孔设于管端节隔中央，流行海南岛黎族，黎族语也称"虽劳""屯卡""拉里各丹"。历史久远，一千多年前已在我国海南岛民间流传。

065

■黎族三月三庆祝打猎

天便成了黎家的一个传统节日。

为了庆祝三月三，准备工作要提前半个月进行。男子上山狩猎，把所获猎物腌好封存。妇女在家舂米和做粽粑，青年男女准备漂亮的服饰和定情的礼物。猎物和粽粑作为祭品，用以祭礼堂里的祖先，若出猎无所获，则杀鸡代替，祭祀由氏族老人主祭。

节日那天，黎族人民集合在一起，预祝"山兰"、狩猎双丰收。老人们携带腌好的山味和酿好的糯米酒，来到村中最享众望的老人家里，席地围坐在芭蕉叶和木瓜叶上痛饮。

土家族的三月三则是土家族的情人节了，三月初三的那天，土家族的阿哥阿妹聚在一起，以山歌为媒，以踩脚定亲。

土族传统节日鸡蛋会也是在每年的农历三月初三，有些地区也会在三月初八或者是三月十八，因地而异。这天，人们在寺庙里举行献牲酬祭，请法师诵经跳酬神舞，以禳灾祛祸，保五谷丰登，人畜两旺。与会群众还随身携带许多熟鸡蛋，一是自食，二是相互敲击做戏，异常热闹。

其他如水族、苗族、仫佬族、毛南族等族都有各自传统的三月三节日习俗。

千秋佳节

传统节日与文化内涵

阅读链接

轩辕黄帝是中华民族的人文始祖，华夏炎黄子孙的共同祖先。据《易经》《史记》《山海经》等记载，轩辕黄帝故里在河南郑州下辖的新郑地区。

春秋时代的历史典籍中就有三月三登新郑具茨山，俗称"始祖山"朝拜黄帝的记载，唐代以后渐成规制，盛世时由官方主拜，乱世时由民间自办，一直绵延下来。

黄帝故里拜祖大典，弘扬中华民族优秀传统文化，缅怀始祖功德，突出了中华民族寻根拜祖的主题，象征炎黄子孙血脉相连、薪火相传。

天贶节是指农历六月初六。天贶节是道家的称呼，起源较晚。每年的农历六月初六，淮安民间旧时有六月六晒红绿的习俗。

相传"六月六晒红绿"之俗起源于唐代。唐代高僧玄奘从西天取佛经回国，于六月初六将经文取出晒干，后此日变成吉利的日子。

"六月六"是汉族和一些少数民族人民的传统佳节，由于居住地区不同，过节的日期也不统一，汉族和有些布依族地区六月初六过节，称为"六月六"。有些布依族地区六月十六或六月二十六过节，称为"六月街"或"六月桥"。

天贶节

六月六节日的来历和众多习俗

那是在唐代的时候，高僧玄奘历经千险，从西天取佛经回国，过海时，经文被海水浸湿，玄奘于六月初六这天将经文取出晒干，后来，六月初六这天就被人们认为是一个吉利的日子。

起初，皇宫内会在这天为皇帝晒龙袍，后来这个习惯又从宫中传向民间，于是，普天之下的百姓便在这天在自家的大门前曝晒衣服，

■ 玄奘（602年—664年），汉传佛教史上最伟大的译经师之一，我国佛教法相唯识宗创始人，俗姓陈，名祎。629年，玄奘从京都长安出发，历经艰难抵达天竺，玄奘所译佛经，多用直译，笔法严谨，所撰有《大唐西域记》，为研究印度以及中亚等地古代历史地理之重要资料。

天贶殿

以后此举成俗。

　　到了宋代，皇帝宋真宗赵恒是一个非常迷信的皇帝，有一年六月初六，他声称上天赐给他一部天书，并要百姓相信他的话，于是就下令将六月初六定为"天贶节"，并在泰山脚下的岱庙建造起了一座宏大的天贶殿。后来随着时间的推移，"天贶节"已失去了原来的含义，而晒红绿的风俗尚存。

　　我国是一个多民族的国家，汉族将天贶节称为"六月六"，同时，这天也有"洗晒节""洗象日""晾经节""虫王节""回娘家节""半年节"等称呼和活动。

　　俗话说热在三伏，夏至节过后，恰逢小暑和大暑的节气，气温升高，有时气温可以超过人和动物的体温，让人和动物感到非常地不适。汉代的刘熙说道：

暑，煮也，热如煮物也。

　　进入伏天，以农历六月初六为中心，湖南资兴有一句老话叫"六

■ 大象画像砖

月六，打个泡子长块肉"。意思就是这一天洗晒，让人好处多多。老北京就有很多民俗，如洗浴、晒物、洗象、晒经、赏荷、看谷秀等。

农历六月初六，民间称为"洗晒节"。因这时天气已非常闷热，再加上正值雨季，气候潮湿，万物极易霉腐损坏。所以在这一天从皇宫至民间，从城镇至农家小院都有很多洗浴和晒物的习俗。

当年一般百姓家没有洗浴设备，但人们也很讲清洁卫生，习惯在每个节日或节气时，都要进行沐浴洁身，信佛者尤其要以洁净之躯去焚香拜佛以示虔诚。

元明清时期，农历六月六还是法定的"洗象日"。那时皇帝在朝会、祭祀或出巡时，为了显示威严，就要摆出一支由车马象、鼓乐幡伞组成的庞大仪仗队，每有盛大庆典，大象是不可缺少的成员。

1200多年前，忽必烈建元大都城后，那时的属地暹罗、掸国、安南、高丽、爪哇等都带贵重礼物来朝

鼓乐 指以吹、打乐器为主的民间器乐合奏的概称。常用乐器包括唢呐、笙、笛、琴、钟、锣、鼓、镲等民族打击乐器。表演形式包括鼓曲、鼓歌、鼓舞、鼓戏等与鼓结合的各类文艺形式。

贺，其中暹罗、掸国、安南每年都要带大象进奉。

暑热天时，大象就在元大都城附近的积水潭中洗浴嬉戏，引来百姓争看围观。

皇上为了大象的驯养与管理，还专门建立了象房、演象所和驯象所等机构，并从缅甸招来象奴和驯象师。平时由象奴饲养并由驯象师指导训练。

清代乾隆时期大象最多达到了30多头，象奴驯象师多达百人。象房当时就设在北京宣武门内西侧城墙根一带，留有"象来街""象房胡同"的美名。

明清时期，每到六月初六初伏之时，都要举行洗象仪式。清杨静亭《都门杂咏》中记载：

> 六街车响似雷奔，日午齐来宣武门。
> 钲鼓一声催洗象，玉河桥下水初浑。

胡同 也叫"里弄""巷"，是指城镇或乡村里主要街道之间的、比较小的街道，一直通向居民区的内部。它是沟通当地交通不可或缺的一部分。根据道路通达情况，胡同分为死胡同和活胡同。胡同，是北京的一大特色。

071

曝晒红绿

天贶节

■ 大象雕塑

在这一天，象房的象奴和驯象师打着旗、敲着鼓，引着大象出宣武门，到城南墙根的护城河中让象洗澡。

这天在洗象处附近还要搭棚张彩，有监官负责监洗。当天也会临时设有很多茶棚、小吃摊，如同赶庙会一般，车轿人马如潮，观者如蚁。

为了观看洗象活动，有钱的人家会提早占据附近酒肆茶楼的好位置，以一饱眼福。大象对那时的百姓来讲，终究是稀罕之物。

观象时，大象的戏水之声，观者的惊讶赞叹之声以及小商小贩的吆喝声，欢声笑语连成一片，好不热闹。

如果恰逢六月六这天是晴天，皇宫内的全部銮驾都要陈列出来暴晒，皇史、宫内的档案、实录、御制文集等，也要摆在庭院中通风晾晒，所以，这一天也有"晾经节"之称。

各地的大大小小的寺庙道观要在这一天举行"晾经会"，把所存的经书统统摆出来晾晒，以防经书潮湿、虫蛀鼠咬。

那时，北京的白云观藏经楼里，藏有道教经书5000多卷，在每年的农历六月初一至初七，白云观要举行晾经会，届时道士们衣冠整

经文

洁、焚香秉烛，把藏经楼里的"道藏"统统拿出来通风翻晒。

■ 北京白云观建筑

广安门内著名的善果寺，每逢六月初六也要作斋，举办"晾经法会"，僧侣们要礼佛、诵经，届时开庙一天。那时看完洗象的百姓，都会涌到善果寺中观看晾经，所以寺前也形成临时集市，非常热闹。

民间的轿铺、估衣铺、皮货铺、旧书铺、字画店、药店以及林林总总的各类商店，都要晾晒各种商品。

而普天之下的老百姓会在这天晒衣服和被褥。民谚有云：

六月六，人晒衣裳龙晒袍。
六月六，家家晒红绿。

其中的"红绿"就是指五颜六色的各样衣服。清代的北京居民，都在六月初六那天翻箱倒柜，拿出衣

僧 梵语"僧伽"的简称，意译为"和合众"，即指信奉佛陀教义，修行佛陀教法的出家人，亦指奉行"六和敬""和合共住"僧团。它的字义就是"大众"。僧伽是出家佛教徒团体，至少要有四个人以上才能组成僧伽。所以一个人不能称僧伽，只能称僧人。

■ 六月六晒衣服人偶

节气 指二十四
时节和气候，是
我国古代订立的
一种用来指导农
事的补充历法。
由于我国农历是
一种"阴阳合
历"，我国又是
一个农业社会，
所以在历法中又
加入了单独反映
太阳运行周期
的"二十四节
气"，用作确定
闰月的标准。正
统二十四节气以
河南为本。

物、鞋帽、被褥晾晒。因此，有的地方叫"晒衣节"或"晒伏"。

同其他的节气一样，六月六这天还有许多专门的食俗。从六月初六起，街市上的中药铺和一些寺庙开始施舍冰水、绿豆汤和用中药制作成的暑汤。

主妇们也在这一天开始自制大酱。每到六月初六，当天的饭食要吃素食，如炒韭菜、煎茄子和烙煎饼等。吃素食之俗有清淡之意。

"六月六，看谷秀"，农历的六月已经是异常炎热了，庄稼长势正旺，已是吐须秀穗之时，农家要观察长势，以卜丰歉。六月初六农民还称为"虫王节"，要在农田、庭院里焚香祭祀，祈求上天保护，五谷丰登。

六月初六，老北京还有郊游和赏荷的民俗。为了防热消暑，文人墨客常到有庙宇有树荫之名胜地及长河、御河两岸、东便门外二闸等地野游。

旧时的二闸是通惠河上第二道闸所在地，是老北京春夏之时百姓观景旅游的胜地。当时通惠河两侧垂柳成行、水波荡漾，运粮船和各种游船穿梭往来。

在二闸的闸口处，还有一个飞溅的瀑布，岸边还有楼台亭阁、私人花园和一些茶棚酒肆，恰似江南美景。

清代《北京竹枝词》这样描绘：

乘舟二闸欲幽探，食小鱼汤味亦甘。

最是往东楼上好，桅樯烟雨似江南。

六月正值荷花盛开，人们也常到什刹海边尝莲品藕。两岸柳垂成荫，水中荷花争艳，在此乘凉消闲吃冰食，别有韵味。

六月六在我国的晋南地区被称为"回娘家节"。传说在春秋战国

六月六赏荷活动

■《回娘家》雕像

时期，晋国有个宰相叫狐偃。他是保护和跟随文公重耳流亡到列国的功臣，封相后勤理朝政，十分精明能干，晋国上下对他都很敬重。

每逢六月初六狐偃过生日的时候，总有无数的人给他拜寿送礼，就这样狐偃慢慢地骄傲起来。时间一长，人们对他不满了。但狐偃权高势重，人们都对他敢怒不敢言。

狐偃的女儿亲家是当时的功臣赵衰。他对狐偃的作为很反感，就直言相劝。但狐偃听不进苦口良言，当众责骂亲家。赵衰年老体弱，不久因气而死。他的儿子恨岳父不讲仁义，决心为父报仇。

第二年，晋国夏粮遭灾，狐偃出京放粮，临走时说，六月初六一定赶回来过生日。狐偃的女婿得到这个消息，决定六月初六大闹寿筵，杀狐偃，报父仇。

狐偃的女婿见到妻子，问她："像我岳父那样的人，天下的老百姓恨不恨？"

狐偃的女儿对父亲的作为也很生气，顺口答道："连我都恨他，还用说别人？"

她的丈夫就把计划说出来。他妻子听了，脸一红一白，说："我是你家的人，顾不得娘家了，你看着办吧！"

从此以后，狐偃的女儿整天心惊肉跳，她恨父亲狂妄自大，对亲家绝情。但转念想起父亲的好，亲生女儿不能见死不救。她最后在六月初五跑回娘家告诉母亲丈夫的计划。母亲大惊，急忙连夜给狐偃送信。

狐偃的女婿见妻子逃跑了，知道机密败露，闷在家里等狐偃来收拾自己。六月初六一早，狐偃亲自来到亲家府上，狐偃见了女婿就像没事一样，翁婿二人并马回相府去了。

在拜寿筵上，狐偃对着女婿说："老夫今年放粮，亲见百姓疾苦，深知我近年做事有错。今天贤婿设计，虽过于狠毒，但事没办成，他是为民除害，为父报仇，老夫决不怪罪。女儿救父危机，尽了大孝，理当受我一拜。并望贤婿看在我面上，不计仇恨，两相和好！"

077

曝晒红绿

天贶节

■ 剪纸《回娘家》

从此以后，狐偃真心改过，翁婿比以前更加亲近。为了永远记取这个教训，狐偃会在每年的六月初六请回闺女和女婿，团聚一番。

这件事情传到民间之后，百姓纷纷效仿，也都在六月初六接回闺女，应个消仇解怨、免灾去难的吉利，并相沿成俗。

一些地方，六月六这天，出嫁的老少姑娘要回娘家歇夏。当地有俗语说"六月初六，请姑姑"，所以人们也将六月初六这天称为"姑姑节"，与这个传说也有一定的联系。

此时，小孩也要跟随母亲去姥姥家，归来时，在前额上印有红记，作为避邪求福的标记。

河南妇女回娘家时，要包饺子，敬祖先。妇女要在祖坟旁边挖4个坑，每个坑中都放饺子，作为扫墓供品。另外，甘肃榆中在农历六月六庙会上，求育妇女要跪在太白泉边，从水中捞石，用红布包好，祈求得子。

江苏的不少地方，在这一天早晨全家老少都要互道恭喜，并吃一种用面粉掺和糖油制成的炒面，有"六月六，吃了糕屑长了肉"的说法。看来，这炒面与这"糕屑"应该是一个意思。

阅读链接

在陕北地区有"六月六，六月六，新麦子馍馍熬羊肉"的习俗。

六月上旬正是麦收羊肥之时，紧张的收获季节刚刚结束，农闲之时，人们为了欢庆丰收，就会接女儿回娘家，阖家团聚，一起享受这个难得的天伦之乐，成为庄稼人在一年当中的一件快事。

另外还有"六月初六，家家晒衣服""六月六，狗洗浴"等说法。农历六月气温最高，人畜都易得病，因此民间又乘此节日提倡人畜清洁卫生。

历史悠久预祝丰收的禾苗节

"禾苗节"，这天正好是在农历的六月初六，各地过"六月六"节的民谚很多，如：

六月初六晒衣物，不怕虫咬不怕蛀。六月六，吃鸭子。六月六，吃鸡吃肉。六月六，狗洗浴……

舞龙灯

湖南桂东人亦叫"六月六"。但桂东把六月六作为 "禾苗节"这种别有特色的民俗却鲜为人知。

在《中华长江文化大系》中曾有记载：

> 每个民族都存在植物崇拜，我国各民族历史悠久，当然更不会例外。作为一个农业国的农业民族，长江流域的各族人民都对稻谷十分崇拜，形成了与稻谷相关的节日，如禾苗节……

在《桂东县志》中有相关的记载：每年的六月初六这天，湖南桂东县东洛乡就会有人自发组成一支"禾苗节"民俗队伍，当天这小村子的一个大场坪里锣鼓喧天，唢呐嘹亮，十几人舞起稻草龙，上下翻腾，或回首摆尾，或左旋右转。

稻草龙后面跟着一条长长的队伍，6人左手提一小袋丰熟米，右手提着一艘一尺大小的稻草船，6人左手提着一只子鸭，右手提着一些祭

■ 舞龙表演

祀品。朝着农家走去。

"禾苗节"民俗队中的稻草龙每到一户，这家就会放鞭炮迎接，稻草龙进屋去向神龛点三下头，6只子鸭也要向神龛点几下头。队伍里有人给屋主送上一包丰熟米，预祝这户人家好收成。

屋主用碗接住放妥后，从大门后拿出事先准备好的一包害虫来，如青虫、打屁虫等，放在稻草船里。意即包里的害虫是虫王，把虫王捉到了，田土中所有的害虫随着全消失了。

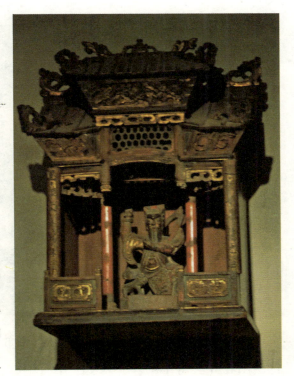

■ 禾苗节上拜祭的神龛

然后，稻草龙在悠扬的唢呐声和节奏明朗的锣鼓声中欢快起舞。不论乡邻们住山侧还是住山腰，"禾苗节"民俗队都得全部走齐村子里所有的人家。

稻草龙离开农家。农家会在山坑垅段、田间地头、庭院里焚香祭祀，祈求五谷丰登。有的也会杀一只鸭子取血喷于方幅草纸上，制成小旗插在田头地角，备酒烛香等祭品，祈求田神确保丰收，俗称"祭田神"。

"禾苗节"民俗队伍一行，在走遍每家每户之后，大家登上离村子不远的佛道并存的寺院道观回龙仙。在那里向菩萨和太上老君画像虔诚焚香燃烛，呈祭果、杀子鸭等，行大礼祭祀。

唢呐 是在木制的锥形管上开八孔，管的上端装有细铜管，铜管上端套有双簧的苇哨，木管上端有一铜质的碗状扩音器。唢呐虽有八孔，但第七孔音与筒音超吹音相同，第八孔音与第一孔音超吹音相同。

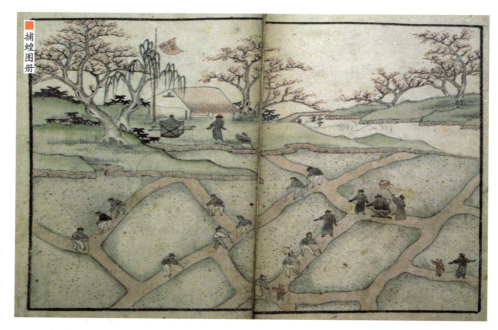

毕后，把稻草船里的害虫集中起来放在一块平地上用火焚掉。愿青苗茁壮并获得丰年。《宋史》中有记载：

帝以蝗灾，令刺举监司不才者，畴若同台监考察上之。

又言道：

湖、广盗贼，固迫于饥寒，然亦有激而成之者。黑风峒寇……

在南宋的历史上，湘南一带曾闹过多次大蝗灾。在1211年桂东建县之前，根本没有各种农药来灭治害虫。庄稼被虫灾害得颗粒不收，农民被逼得背井离乡。《南龙志·地理志》记载：

过六月六也。其用意无非禳灾祈祷，预祝五谷丰盈……

后来，人们为使农田得以丰收，避免虫害，只有祈求神灵庇护。这是古人通常的祈福心理。六月六是双六也为"六六大顺"之意，是个最吉利的日子。从那时候起，桂东东洛民间中一直都继承着这个饶有风趣的"禾苗节"。

在广东潮汕地区，六月六这天则被称为"鬼挑瓜节"。相传泾河龙王因名相士袁守诚指点，渔民选地下网，每网皆尽，一怒之下前往长安与之赌赛。为了赌赛取胜，龙王不惜改变降雨时量，终因违犯天条，遭人曹官魏征于梦中绑赴斩首。

又因李世民，曾答应龙王拖住魏征不让其赴斩龙台，不料魏征能梦游出行，罪龙终难免一死。只是泾河龙王死不服罪，一口怨气难以下咽，夜夜于唐皇寝宫外呼号喊冤。

龙王向玉皇大帝告状：唐王原答应救他，言而无信。玉皇大帝令将李世民拘入地府，他阳寿已终，求地府阎王给添寿，阎王不许。

地府中管"魂簿"的判官崔旭，相传是魏征的表兄，见皇上遇难，就用"掉包计"顶替同姓名的人，为李世民添了10年阳寿。李世民为报此恩，许下愿："进瓜入幽冥"。

潮汕地区的人们认为，

《宋史》二十四史之一，于1343年由丞相脱脱和阿鲁图先后主持修撰，《宋史》与《辽史》《金史》同时修撰。《宋史》全书有本纪47卷，志162卷，表32卷，列传255卷，共计496卷，约500万字，是二十五史中篇幅最庞大的一部官修史书。

■ 传说中的地府判官塑像

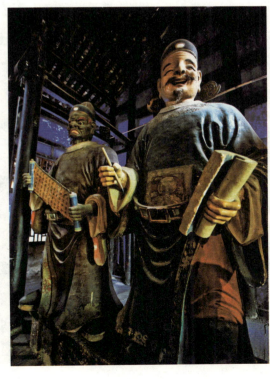

■ 传统的龙舟大会
壁画

千秋佳节

传统节日与文化内涵

剪纸 又叫刻
纸，是我国汉族
最古老的民间艺
术之一，它的历
史可追溯到公元
6世纪。窗花或
剪画。不同的是
创作时，有的用
剪子，有的用刻
刀，虽然工具有
别，但创作出来
的艺术作品基本
相同，人们统称
为剪纸。剪纸是
一种镂空艺术，
其在视觉上给人
以透空的感觉和
艺术享受。

六月初六这天，地府的鬼魂会跑到阳间挑西瓜回去消暑。但小鬼懒惰，往往抓人代挑。因此，潮汕人在这一天有诸多禁忌，如不到亲朋家串门，否则将会给亲朋带来不祥，晚上不能出门，更不能在野外露宿。

这一天，潮汕人还有个习俗，那就是如果恰逢亲人死去的第二个年头，家属就应该在这一天为死者作法事，超度死者灵魂，这称为"过桥"。

举行仪式时，必须备办西瓜、三牲等，然后用米粉蒸制7块两三寸宽、七八寸长的"桥板"和几个"桥墩"，以及一端宽一端窄的"狗舌"，将这些东西在逝者灵前搭起一座桥，这就是传说中的奈何桥了。

桥头置放"狗舌"、瓜果、三牲，然后才焚香点烛诵经。如果为老人准备寿衣，也要在这一天将衣物拿出来晒。

一年四季，对老弱病残者最有威胁的季节有两个，一个是盛夏，另一个就是腊月。在这两个时节中，死亡率是最高的，发病者也多，因此在农历六月初六特别注意人畜的安全。

山东临朐地区在六月初六祭山神，祈求"男人走路不害怕，女人走路不见邪"。

大象是历代最受欢迎的观赏动物，农历六月初六必为大象沐浴。在民间吉祥图案中也常以大象为吉利的象征。除洗象外，也洗其他牲畜。

广西壮族以六月初六为牛魂节，此期间为牛洗澡，让牛休息，喂各种好饲料。

另一种方式是施用巫术。在大雨将至之际，如天气连阴不止，闺中儿女，剪纸人悬挂在门的左边，称"扫晴娘"。这是一种比拟巫术，企图利用扫晴娘把阴云驱散，以期迎来阳光充足的晴天。

这种巫术剪纸在我国的北方广为流传，如陇东地区称为扫天婆、扫天娃娃、驱云婆婆等。这些人皆为妇女形象，伸展两臂，两手各持一把扫帚或树枝，作驱云赶雨的姿势。

在农历六月六天贶节，还有不少娱乐活动，主要是广东地区有划龙舟活动；在山东地区认为农历六月初六是荷花生日，因此在节日期间赏荷、采莲，市场上还大量出售荷花玩具。妇女、儿童还喜欢用其花汁染指甲。

农历六月初六，还有不少宗教活动。例如辽宁盖州有八腊庙会，是一种驱虫、祈雨的活动；北京善果寺有

■ 东岳泰山神塑像

壮族 我国56个民族中人口最多的少数民族，主要分布在广西、云南、广东和贵州等省区。秦以来，壮族先人历代分别称为西瓯、骆越、南越、濮、僚、俚、溪峒蛮、乌浒，在宋代史籍中始称为"撞""僮""仲"，明清时也有称为僮人、良人、土人的。后统称"壮族"。

曝晒红绿 天贶节

数罗汉活动，以占卜吉凶。

山东民间在农历六月初六祭东岳大帝神，举行东岳庙会。该日又是麦王生日。当地民间还认为农历六月初六是海蜇生日，当天下雨，海蜇就会丰收。

六月间百虫滋生，尤其是蝗虫等，对农业是莫大威胁。古代蝗虫是农业最大的灾害之一，人们一方面积极捕蝗，如利用火烧、以网捕捉、用土掩埋、众人围扑等方法，尽力消灭蝗虫。另一方面则祭祀虫王，如青苗神、刘猛将军、蝗蝻太尉等，都是各地供奉的虫主神。同时也利用各种巫术手段驱虫。

西南少数民族地区在这时普遍过火把节。从传统看，它起源于南诏内部的王权之争，其实与用火防灾有关。当地人在过火把节时，人们还举着火把，到田间、地角游行，目的是驱逐虫灾。

阅读链接

四川北川的禹里乡，一块刻有"石纽"字样的巨石面朝西北方向。数千年前，传说大禹便是从这块石头中出世。古人一直有大石崇拜的传统，他们相信，某些巨大的石头中曾经诞生过他们的祖先或神灵。

禹里乡的羌民，世世代代信奉大禹。虽然在我国的很多地方都有大禹诞生地的记载。但是，北川县的百姓相信，大禹就出生在此地。

这个说法在明清的时候还得到过朝廷的认可，朝廷一度给当地的百姓许多特殊照顾。每年农历六月初六，北川县的百姓便会用盛大的歌舞庆祝他们心目中英雄的生日。北川县百姓修筑的大禹馆，是当地最好的建筑。

布依族六月节和土族花儿会

那是在远古的洪荒年代，布依族的先人"盘古"，在劳动中积累了栽培水稻的经验，年年丰收，后来他与龙王的女儿结婚，生了一个儿子，取名新横。

布依族舞蹈

千秋佳节

传统节日与文化内涵

■ 布依族葫芦

天神　指天上诸神，包括主宰宇宙之神及主司日月、星辰、风雨、生命等神。佛教认为，天神的地位并非至高无上，但可比人享有更高的福祉。天神也会死，临死前会出现衣服垢腻、头上花萎、身体脏臭、腋下出汗和不乐本座等五种症状。

有一次，儿子新横冒犯了母亲，龙女一气之下，返回龙宫，再不回来。

"盘古"没有办法，只好再娶，有一年的六月初六盘古死去，新横从此遭到继母虐待，几乎被害。

他忍无可忍，便上天控告继母，并发誓要毁掉她栽培的水稻秧苗，继母知道后，万分后悔，终于与新横和好，并于每年六月初六，盘古逝世这天，杀猪宰鸭，做粑粑等以供祭盘古。

布依族人民因此每年农历六月初六都举行祭盘古，供祖先的活动，以示子孙延续、五谷丰收，年复一年，就形成了这个民族节日。

还有一种说法是，从前有个叫抵师的布依族后生，聪明能干，开朗乐观，而且有动人的歌喉。

他常在农活之隙，引吭高歌，他的歌声和人品感动了玉帝的一个女儿，她下到人间与抵师结为百年之好，夫妻百般恩爱。谁知好景不长。

不久，仙女下凡的事让玉帝知道了，他不允许自己的女儿与凡人婚配，就派天神下凡拆散了这一对恩爱夫妻。离别时，仙女含泪送给抵师一只宝葫芦，告诉他，每年的六月初六她将在南天门与他遥见一面。

抵师遵嘱不再续娶，并于每年六月初六到河边与天上的妻子相望，直到享尽天年为止。

后来，布依族人民为歌颂他们坚贞的爱情和表达对仙女赠送宝葫芦的谢意，每年六月初六这一天举行隆重的纪念活动。

节日里，家家户户采购节日用品，包煮各式各色粽子。男女青年谈情说爱，选择意中人。据说这天选中对象的人将会很幸福，因为他们将会得到抵师和仙女的保佑和祝福。

布依族"六月六"的节日已有悠久的历史。据清代乾隆年李节昌纂的《南龙志·地理志》记载：

六月六栽秧已毕，其宰分食如三月然，呼为六月六。汉语曰过六月六也。其用意无非禳灾祈祷，预祝五谷丰盈……

节日糯米饭

■ 布依族丢花包

布依族十分重视"六月六"这个节日，在他们中有过"小年"的称呼。每当节日来临，各村寨都要杀鸡宰猪，用白纸做成三角形的小旗，沾上鸡血或猪血，插在庄稼地里，传说这样做，"天马"即蝗虫就不会来吃庄稼。

节日的早晨，由本村寨几位德高望重的老人，率领青壮年举行传统的祭盘古、扫寨赶"鬼"的活动。除参加祭祀的人外，其余男女老少，按布依族的习惯，都要穿上民族服装，带着糯米饭、鸡鸭鱼肉和水酒，到寨外山坡上"躲山"，当地汉族人则称为赶六月场。

祭祀后，由主祭人带领大家到各家扫寨驱"鬼"，而"躲山"群众则在寨外说古唱今，并有各种娱乐活动。夕阳西斜时，"躲山"的群众一家一户席地而坐，揭开饭箩，取出香喷喷的美酒和饭菜，互相邀请作客。

一直等到祭山神处响起"分肉了！分肉了！"的喊声，人们才选出身强力壮的人，分成四组，到祭山神处抬回4条牛腿，其余的人，相携回到家中，随后各家派人到寨里领取祭山神的牛肉。

节日中的娱乐活动，以丢花包最为有趣。花包用各种彩色花布做成，形似枕头，内装米糠、小豆或棉花籽。花包的边沿缀有花边和"耍须"。

丢花包时，男女青年各站一边，相距数米，互相投掷。其方法有右侧掷、左侧掷和过顶掷，但不准横掷。要求甩得远，掷得快，接得牢。

花包在空中飞来飞去，煞是好看。如果小伙子将花包向自己心爱的人投掷，没有过肩，包就落地，姑娘向对方送一件礼物，如项圈、戒指、手镯等物，所送之物，被视为爱情的信物，小伙子将长期保存。

项圈 一般是用金、银、铜等金属锻制的素圈，也有用整块美玉雕制的，项圈一般都缀有"长命锁""如意"之类的坠饰，上面再錾以"长命富贵""福寿安康"等祝福文字和仙桃、蝙蝠、金鱼、莲藕等吉祥图案，用来保佑佩戴者平安富贵长寿。

■ 土族花儿会

花儿会是甘肃、宁夏、青海等地的土族、回族、东乡族、撒拉族、保安族的传统节日，在每年的农历六月初六举行，为期5天。

"花儿"是一种民歌，又称"少年"。"花儿"的唱词大多是即兴编成，有对唱和独唱两种形式，内容丰富多彩。

关于"花儿"，有一个美丽的传说。

据说很久以前，有5个美丽的土族姐妹，各个都有一副银铃般清脆的歌喉。每当她们唱起"花儿"的时候，万物都听得着了迷。

许多英俊的小伙子慕名前来与她们对唱，可是整整过了三天三夜，小伙子们却相继败下阵来。

到了第四天早上，有五朵彩云从太阳升起的地方飘过来，带走了五姐妹。

后来人们听说，五姐妹被封为"花儿仙子"，正在天上天天为玉帝唱"花儿"呢！为了纪念这五姐妹，人们便举行了一年一度的"花儿会"。

在"花儿会"期间，当地的土族、回族、东乡族、撒拉族、保安族等各族人民，身穿具有特色的民族服装前来赶会，而且还带着帐篷、大饼等，络绎不绝。

阅读链接

晒衣节是广西桂平盘瑶地区瑶族人民的传统节日，在每年的农历六月初六举行。

节日当天，热闹非凡，清晨各家宰鸡杀鸭开庆祝会，宴饮后，全家动员，有秩序地把棉被、衣服、鞋子、箱笼、柜子等物拿到屋外晒坪上暴晒，晒上一两个小时翻转再晒，然后把衣物搬回厅堂凉一下，再放回原处。

夕阳将落时，全寨人还要对着太阳招手，表示对它的感激。

六月六少数民族的不同节俗

传说苗族英雄天灵，经过三年的苦练，一箭可射到京城，功夫到家那天，天灵为了养精蓄锐，早早地就睡下了，临睡前，天灵嘱咐母亲在鸡叫头遍的时候叫醒他。

谁知老母半夜后簸米，不经意拍响簸箕，"啪啪"之声引起鸡叫，天灵听见鸡叫后急忙爬上将军山，他两脚各踏一座山峰，弯弓对准京城连射三箭。

这三箭射中了皇帝的龙椅靠背，皇帝此时登殿正准备就座，但见龙椅上三根刚插入靠背的箭矢尚微微弹动，吓出一身冷汗。

皇帝查知刺客是苗疆的天灵，就派刺客刺杀了天灵，天灵因此而被

苗族神灵塑像

害，据说天灵被害这天是六月初六。

于是，每逢此日，苗胞便云集将军山下，吹唢呐、唱苗歌、跳鼓舞，祭奠先烈，祈祷吉祥，祈祷幸福，祈祷未来和希望。

湖南城步的苗族，在每年的这天都会举办一场盛大的山歌会，名为"六月六山歌节"，这天，苗、汉、侗、瑶等各民族便会相聚在此唱起山歌。

半年是瑶族民间传统节日，每年农历六月初六举行。传说在很久以前，居住在山里的瑶族成天忙于打猎种地，把祭祀神灵的事给忘了，长年不烧一炷香火。八方神仙享不到祭牲，嗅不到香火，很不甘心，一齐到天上向玉帝告了瑶族一状。

玉帝听说这件事情之后十分生气，就派了疟神和痧神下人间作祟，但只限一年，并且还不能让瑶族绝后。

两个瘟神来到瑶山，疟疾、泥鳅痧、绞肠痧等瘟疫顿时在这里横行起来。瑶族人在这场玉帝指派下的作祟活动中吃尽了苦头。

五月的一天，两个瘟神在石榴树下闲聊，被盘家老大听到了，得知两个瘟神要过了年才走。众人十分着急，但很快想出了一个好办法。

就在六月初六土地公公过生日这天，瑶族人像过年一样大操大办，杀鸡杀鸭，宰猪宰羊，贴对子，放响炮，唱瑶歌，走亲戚。

两个瘟神很奇怪，又在石榴树下商量，却被盘家

■ 瑶族的节日服饰

对子 又称对联、楹联，是写在纸、布上或刻在竹子、木头、柱子上的对偶语句，对仗工整，平仄协调，是一字一音的中文语言独特的艺术形式。对联相传起于五代后蜀主孟昶。它是中华民族的文化瑰宝。

老二听到了，方知瘟神怕见吃萝卜，怕见下大雪，他心中有数了。

于是他们家家都煮了一大锅葫芦，故意到处喊娃子吃"萝卜"，又把石灰撒到田间、房头。这才瞒哄过两个瘟神，提前返回了天宫。人们才得以安康，而且半年的谷子成熟得格外饱满。

于是，六月初六过半年的习俗就这样传了下来。每年在六月初六过节的这天，瑶族人都要撒石灰、放响炮、贴对子，以企盼人畜无灾，五谷丰登。

"响浪节"是甘肃省甘南藏族区夏河县藏民的传统节日，在农历六月初四至十七举行。"响浪"是藏语，意思是"在一个地方转，求神保佑"。

节日时，藏族男女老少来到草原上或高山密林中，扎帐篷、宰牛羊、备香茶、设美酒，祝贺节日愉快。骑手们骑着骏马、牦牛参加赛马、赛牦牛、射箭和"大象拔河"等活动。青年男女在钹、锣、唢呐乐曲声中唱着热情奔放的祝酒歌，跳起欢乐的锅庄舞，演出藏戏。

壮族六月节是从每年农历六月初一开始，六月节又叫过小年，亦有"六郎节""七郎节"的不同称谓。相传，壮族首领侬智高从敌人重围突破出来后，六月里经过的地方在六月过节，七月里经过的地方在

壮族祭祀

七月过节。

云南文山境内壮族侬支系一年一度最为隆重的节日六月节，是在农历六月初一举行的。节日期间，三天不做任何农活，村村寨寨、家家户户宰牛杀鸡、做五色糯米饭，进行祭祀活动，极为热闹、欢快。

届时，一般按族规规定，酒肉饭菜备办就绪之后，先由寨主在村头祭献壮族首领，尔后各家各户可在门前摆上竹榻祭献、祈祝祷。

这天晚上，还要举行扫除"杨鬼"的活动。以村为单位，杀鸡、猪、鸭、狗和用谷草捆成形形色色的魔鬼，敲锣打鼓，由"仆摩"念咒语进行驱赶。

在一些壮族村寨还举行隆重的体育运动，如抢花炮、赛马等。在这一天，壮族妇女染五色糯米饭，互相比较所染的颜色，看谁的颜色最鲜艳。

第二天以后，还要将自己所染的五色饭背到娘家拜年，其表达的意思和春节差不多。

阅读链接

在六月六这天，苗族的人们还会举办盛大的赶歌节，赶歌节历史悠久，有种种传说。

一种说法是，当地的苗族人民在封建统治下生活十分困苦，有一年六月初六与前来征粮的官兵进行了坚决斗争，打退了官兵，保住了山寨。以后，每逢这天，他们就聚集在一起，举行歌会，缅怀英烈。

另一种说法是为了纪念忠烈的爱情而兴起的。赛歌是赶歌节的主要内容，而对歌是苗家人表达爱情、选择情侣的主要方式。

节日当天，小伙子们吹奏芦笙、唢呐、笛子等乐器奔向歌场。姑娘们穿着绣满名花、彩蝶，镶着宽大花边的衣服，佩带闪光耀眼的银饰，相伴来到歌场。

以村寨为单位的集体对歌，各自找对手比赛，形式多样，经过反复较量，最后产生"歌王"，歌王受到大家的爱戴。

哈尼族和土家族的六月节庆

　　根据哈尼族的民间传说，在远古的时代，哈尼族崇拜一个"神爷"，神爷名叫"威咀"，每年五六月间，他都要到各山寨巡视，看看人、牲畜和庄稼，给人们带来幸福。

哈尼族庆祝节日

■ 身着白衣的哈尼族姑娘

秋千 荡秋千是中华大地上很多民族共有的游艺竞技项目。其起源可追溯到几十万年前的上古时代。那时，我们的祖先为了谋生，不得不上树采摘野果或猎取野兽。在攀缘和奔跑中，他们往往抓住粗壮的蔓生植物，依靠藤条的摇荡摆动，上树或跨越沟涧，这是秋千最原始的雏形。

为了表示对威咀的虔诚，哈尼人扛来秋千，给他做骑的"白马"。人们采回松枝、青草、皮菜，筹办丰盛的饭菜和马料，迎接他进寨，并架起飞转的"磨秋"，以驱害除邪，保护山寨的安宁。从此世代相传，逐步演变成为哈尼族的民族节日。

六月节在哈尼语中也被叫作"苦渣渣"节，一般于农历六月二十四前后举行，为期3至6天。节日里杀牛祭神，青年们聚集一起荡秋千、摔跤，唱歌跳舞，尽情欢乐。

每逢节日到来，哈尼族少不了备有三样菜，即沟边的水芹菜、田埂上的鱼腥菜、山上的柴花菜。此外还有凉拌生鱼和苔拌蚯蚓两样名菜。

过节期间，家家都割来芭蕉叶铺在桌子上，堆满各种菜肴。全家大小和客人一起围坐在一起喝水酒、吃美味、唱哈巴。

不同的节日，哈尼族有着不同内容的哈巴。过年，就唱过年的来历。盖房子，就唱房子怎么盖，最先在这里盖房子的人是谁。结婚，哈巴歌手就告诫新郎和新娘应当如何相爱，如何生儿育女。还要教人们年月如何推算、四季如何划分以及农活如何安排等。

每当节日到来，又是青年人选择对象和充满浪漫色彩的、欢乐而甜蜜的定情日子，那漫山遍野的杜鹃花把牢山和蒙乐山装扮得花团锦簇。

成千上万的姑娘打着白伞、穿着白衣裤，像洁白娇艳的白杜鹃，飘落在树荫下，忽闪在绿茵里。小伙子们也成群结队，吹着把乌，弹着琴弦，目光在姑娘们的脸上流连着，中意后即离开自己的伙伴跟踪而去。

片刻，绿茵中，岩壁下，低沉而委婉的"阿茨"歌声飘起来了，双方开始询问姓名、年龄、家庭，或有关天上地下知识的考试，如果合格就在一起，否则就分道扬镳。

"阿茨"有别于"哈巴"情歌，是只适合在山上这种场合唱的歌。如果是一般询问便可以大声地唱，如是情话，就只凑着对方的耳朵慢慢地说，不能让别人听去了。

节庆日期在每年的农历六月的属虎或属牛日，这时，稻谷刚栽下不久，正在

哈尼族情歌表演

发青，人们稍有空闲。

庆祝节日的方式也很特别，第一天由龙头指派年轻力壮的小伙子上山砍两棵质地坚硬的树和一些藤条，准备修复磨秋，每家每户还要凑上一些旧谷草翻盖秋房，就是一种供娱乐用的简易房子。

第二天再派两人到其他寨子买一头大水牛，小伙子们在龙头带领下在磨秋旁杀水牛，牛肉和牛血每家都平均分一份，杀完牛后，龙头带领小伙子们修复磨秋，换上新磨秋，龙头拴好藤条，在没举行祭祀仪式之前，任何人不得随意荡磨秋。妇女们则在家中舂粑粑，准备过节的物品。

载歌载舞的土家族青年图

第三天一大早，不管天晴还是下雨，龙头首先在家中祭祖，祝全村平安无事，无灾无害，并和其他的小龙头把各自做好的酒菜端到磨秋场上祭祖先，祝全村人幸福吉祥，快乐安康。

紧接着再到田里祭田，祝粮食丰收、家畜兴旺。祭祀仪式结束后，龙头解开拴在磨秋上的藤条，人们开始荡磨秋，尽情唱歌，跳罗昨舞，直到太阳落山，非常热闹。

六月六同样也是土家族一个重要的传统节日，绝大部分土家族都将六月六称为"晒龙袍"，与汉族的称谓基本上是相同的，但关于节日的传说截然不同。

关于六月六来源的传说在土家族中有很多，但是其中最广泛的说法是，六月初六这天是湖南茅岗厚的蒙难之日。因此，六月六是土家族的一个重要的纪念性节日。

土家族六月六具有十分丰富的节日习俗，有的与天有关，有的与地有关，有的与神有关，有的与祖先有关，有的与年有关。

与天有关的习俗主要有"敬太阳神"。湘西部分土家人认为六月六是太阳的生日，要敬祭太阳神，祈求太阳神赐给阳光，温暖万物，确保丰收。

与地有关的习俗是"尝新谷"。六月六这天若逢卯日，又称尝新节，部分土家人家家打新谷，做新米饭，佐以鳝鱼为菜，以示有余，有的地方人们煮酒杀牲敬神，感谢、祈祷神灵赐予丰收。

与神有关的习俗是"烧黑神"。湖北利川、龙山等地的土家人相信黑神能驱邪除秽，每年的六月初六这一天都燃烧香烛，抬着披红挂彩的黑神游行，名曰"烧黑神"。

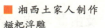
■ 湘西土家人制作糍粑浮雕

■ 土家族祭祖活动

与祖先有关的习俗是"晒龙袍""祭祀土王"和"祭祀向王"。绝大部分土家人每年六月六这天，家家户户晒衣服，晒棉被，晒鞋子。

湘西酉水流域的土家人在每年六月六要杀猪、打糍粑、做豆腐，把亲戚朋友请来欢度节日，举行以祭祀土王为主的摆手祭祖活动。

鄂西清江流域土家人称每年六月六为向王节，焚香烛、放鞭炮、祭祀向王廪君，祈求他保佑人们在水面上航行平安。

与年有关的习俗是过小年。湘西严姓的土家族人在每年六月六过小年。

尽管该节日习俗纷繁复杂，但仍以纪念土司王覃厚的晒龙袍，以及由此延伸的各种祭祀习俗为主导。

土家族六月六的节日习俗如此丰富多彩，一方面反映它因地而异，具有明显的地域特色，另一方面反映了它是民族文化交流融合的结晶，具有浓郁的民族特色。土家族六月六，包含着十分丰富的文化内涵，储存着土家族与其他民族文化交流融合的历史信息。

阅读链接

扬州有一个关于"晒龙袍"的民间传说。

说乾隆皇帝在扬州巡游的路上恰遭大雨，淋湿了外衣，又不好借百姓的衣服替换，只好等待雨过天晴，将湿衣晒干再穿，这一天正好是六月六，因而有"晒龙袍"之说。

当然，晒龙袍之俗绝非清代才形成，而是在很早之前即已形成。

祭灶节

农历腊月二十三，为汉族传统节日祭灶节，民间又称"交年""小年下""小年"。这天晚上家家户户均行"祭灶神"的仪式。

祭灶神为商周时代五祀之一，初为夏祭，后改为腊祭，古称"炎帝于火而死为灶"，古祭灶日期，有"官祭三，民祭四，王八祭五，鳖祭六"之说。

小年祭灶是大江南北共同的习俗。过去，到这一天人们都要在灶屋的锅台附近墙壁上供奉灶王爷、灶王奶奶。

佛龛神像的两侧还要贴上一副对联，上联写着"上天奏好事"，下联写着"下界保平安"或者是"回宫降吉祥"，横额是"一家之主"。

祭灶于周代成为固定的仪式

相传在很久以前，有一个人叫张腊月，娶了个妻子叫丁香女，她生得聪明贤惠，十分可爱，只是成婚几年没生儿女。为了这，张腊月觉得心里凉冰冰的，不是个滋味儿。

丁香女的表妹叫王海棠，相中了张腊月，偷偷对他说："只要你休了丁香女，把我娶进门，不出三年我给你生个小儿郎，他跑到这边叫声爹，跑到那边叫声娘，你说这样强不强？"

张腊月果然休了丁香女。丁香女哭肿了双眼，也伤透了心。他望着这无情无义的负心郎，把眼泪一擦，胸脯一挺，说道："我走！"

张腊月问丁香女想要什么东西？丁香女说她只要一辆纺线车，一辆破车和一头老牛。这点儿东西张腊月根本没放在眼里，一口答应了。

丁香女将纺线车装在破车上，抚摸着拉车的老牛说："老牛啊，你拉着我走吧！拉我到个好埝儿里，我好草好料喂着你，拉我到个孬埝儿里，我可就没法养活你了！"

老牛像听懂了似的，拉着丁香女走啊，走啊，来到一所破窑前停下。

■ 灶王爷、灶王奶奶画像

丁香女往破窑一打量，看见墙根下有一支金簪闪闪发光。丁香女急忙拾起金簪，往北一晃，北面"刷"地立起一座楼房，她又往东一晃、往西一晃，东楼、西楼也都立起来了。丁香女十分高兴，就在这里安下家，支起纺线车纺线，靠卖线过日子。

丁香女走后，张腊月便兴冲冲地来到丁香女的表妹家，进门就说："表妹，丁香女被我休了，咱俩快拜堂成亲吧！"正在这时突然家人跌跌撞撞地跑来，慌慌张张地对他说："老……老爷，不好了！家中失火了！"

"啊！"张腊月一惊，匆匆跑回家一看，所有家产化为灰烬。他生活没有了着落，只好去投奔王海棠。

105

多进美言

祭灶节

纺线车 是用来把棉花纺成棉线的一种简易的劳动工具。由纺线车纺织出来的线是老粗布的原始材料。老粗布，又名老土布，手织布，是几千年来劳动人民世代沿用的一种纯棉手工纺织品，具有浓郁的乡土气息和鲜明的民族特色，在我国已有数千年的历史，在我国纺织史上占有重要地位。

古老的灶君庙

谁知王海棠翻脸不认人，恶声恶气地说："哼，真是癞蛤蟆想吃天鹅肉！你这个穷光蛋，想让我嫁给你去喝西北风啊？滚！"

张腊月一听，气得浑身颤抖，忽然觉得眼前像蒙上了一层黑布，气火攻到眼里，什么也看不见了，两手摸索着，哭喊着："我的眼，我的眼啊……"王海棠根本不理他。

张腊月这时想起了贤惠、善良的丁香女，又悔又恨，呼天号地大哭一场，只好离开王家，沿街乞讨。

丁香女喜欢吃面条，这一日她做好面条正要吃，忽听外面传来讨饭的叫喊声。远听像是丈夫的声音，近听更像是丈夫的声音，丁香女急忙跑到街上一看，只见张腊月双目失明，穿得破破烂烂，走路踉踉跄跄，手持打狗棍，正摸索着沿街乞讨。

善良的丁香女见他落到这般光景，不由心中一阵酸楚，把过去的怨恨全忘了。她不言不语走上前去，拉着张腊月的打狗棍，把他领进家，盛上一碗面条，拔下头上的金簪插在碗里，递给他说："快趁热吃吧！"

张腊月双手捧着香喷喷的面条，长叹道："唉……自从休了丁香女，从没吃过这么好的面条！"

丁香女问："你吃的谁的面条？"

张腊月光顾狼吞虎咽，没顾得上答话。忽然，他"哎哟"一声，从嘴里吐出一支金簪说："这块鸡骨头，把我好硌！"

说着，"当"一声把金簪扔到地上。丁香女摇摇头："唉！真是生就的穷骨头。我给你插上一支金簪，你倒当成了鸡骨头！"

张腊月听了这话一愣怔，他越琢磨越觉得是丁香女的声音，急忙问："你，你是谁？"

"我，我就是被你休出门的丁香女啊……"丁香女呜呜地哭着，再也说不下去了。

张腊月听着丁香女揪心的哭声，越想越羞愧，觉着无地自容，悲怆地喊道："我好糊涂啊！"猛地站起来，"砰！"一头撞到炕沿上，立时气绝身亡了。

丁香女见张腊月死了，悲悲切切地把他安葬了。为了纪念他，找人给他画了一张像，挂在锅灶边。

有人问他："这是谁？"

丁香女说："这是当家的，能够上天言好事，下界保平安。"

后来，人们为了记取这一惨痛教训，都学着丁香女，把张腊月的画像挂在锅灶旁边，称他是当家的，并在画像上方贴一横匾，写着"一家之主"。

时间长了，就把他叫成"灶王爷"了。正赶上过年，一传俩，两传仨，世间的人们就都供起灶王爷来了。

灶王爷也称灶王、灶君、灶神、灶公灶母、东厨司命等，是我国古代神话传说中的司饮食之神。灶君本

灶王夫妇塑像

■ 灶王祭台

人，早期有炎帝、祝融之说。后来又衍生出许多说法。晋以后则列为督察人间善恶的司命之神。

自人类脱离茹毛饮血，发明火食以后，随着社会生产的发展，灶就逐渐与人类生活密切相关。崇拜灶神也就成为诸多拜神活动中的一项重要内容了。

故《礼记·祭法》中有"王为群姓立七祀"，即有一祀为"灶"，而庶士、庶人立一祀，"或立户，或立灶"。

我国古代就有祭祀灶神的。魏晋以后，灶神有了姓名。隋代杜台卿《玉烛宝典》引《灶书》称：

灶神，姓苏，名吉利，妇名博颊。

唐李贤注引《杂五行书》又称：

灶神名，字子郭，衣黄衣，披发，从灶中出。

灶神初为女神，或称是老妇，或称是美女，说法诸多。出于清代的《敬灶全书》则称，灶君姓张，名禅，字子郭，当属男神。

祝融 本名重黎，我国上古帝王，以火施化，号赤帝，后尊为火神、水火之神、南海神，古时三皇五帝之一，祝融传下火种，教人类使用火的方法，常奏《九天》，使黎民百姓精神振奋，情绪高昂，对生活充满热爱。另一说祝融为颛顼帝孙重黎，高辛氏火正之官，黄帝赐他姓"祝融氏"。

后来民间供奉的东厨司命定福灶君，是一对老夫妇并坐，或是一男两女并坐，即灶君和灶君夫人的画像。

道教兴盛之后，曾借《经说》之论，将灶神说成是一位女性老母，能够：

管人住宅。十二时辰，善知人间之事。
每月朔旦，记人造诸善恶及其功德，录其轻重，夜半奏上天曹，定其簿书。

后来就发展成了既有灶君爷爷，又有灶君奶奶之说。在不同的地区里，灶君夫妇又由不同的人选来充当，同时伴随着当地流行的民间传说故事。

传说灶王爷是玉帝派到每家的监察官，到了腊月二十三便要升天，去向上天的玉帝汇报这一家人的善行或恶行。

玉帝听后再将这一家在新的一年，应该得到的吉凶祸福命运交与灶王爷之手，所以在腊月二十三这一天，人们"送灶"之时，要供上用饴糖和面做成的糖瓜，竹篾扎成的纸马以及喂牲口的草料，为的就是让灶王爷甜甜嘴，上天说好话，入宫降吉福！

俗语有"男不拜月，女不祭灶"的说法。有的地方，女人是不祭灶的，据说，灶王爷长得像个小

■ 年画灶王夫妇

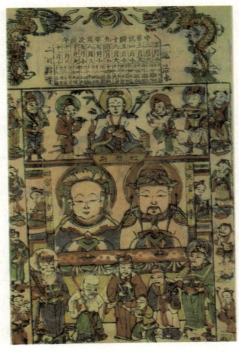

《玉烛宝典》 记录古代礼仪及社会风俗的著作。原为12卷。隋代杜台卿著。《玉烛宝典》以《月令》为主，触类而广之，博采诸书，旁及时俗。《月令》主要记述农历一年12个月的时令以及与此相关的天子诸侯祭祀等事，并将各类事物归并于阴阳五行相生相克的系统中。

多进美言

祭灶节

■ 灶火表演砖雕

白脸，怕女的祭灶，有男女之嫌。对于灶王爷的来历，说起来源远流长。

在我国的民间诸神中，灶神的资格算是很老的。早在夏代，他已经是民间所尊奉的一位大神了。

据古籍《礼记·礼器》孔颖达疏：

颛顼氏有子曰黎，为祝融，祀为灶神。

《庄子·达生》记载："灶有髻。"西晋史学家司马彪注释说："髻，灶神，着赤衣，状如美女。"

《抱朴子·微旨》中又记载：

月晦之夜，灶神亦上天白人罪状。

这些记载，可能就是祭灶神的来源。还有，或说灶神是钻木取火的"燧人氏"，或说是神农氏的"火官"，或说是"黄帝作灶"的"苏吉利"，或说灶神姓张，名单，字子郭，众说不一。在民间的传说中则流传着一个颇为有趣的故事。

据说，古代有一户姓张的人家，有兄弟俩，哥哥是泥水匠，弟弟是画师。哥哥拿手的活是盘锅台，东街请，西坊邀，都夸奖他垒灶手艺高。年长月久出了

礼器 我国古代贵族在举行祭祀、宴飨、征伐及丧葬等礼仪活动中使用的器物。我国最早的礼器出现在夏商周时期，主要以青铜制品为主。商周青铜礼器又泛称彝器。进入商周社会后，礼器成为"礼治"的象征，用以调节王权内部的秩序，从而维护社会稳定。这时的礼器包括玉器、青铜器及服饰等。

名，方圆千里都尊称他为"张灶王"。

说来张灶王也怪，不管到谁家垒灶，如遇别人家有纠纷，他爱管闲事。遇上吵闹的媳妇他要劝，遇上凶婆婆他也要说，好像是个老长辈。以后，左邻右舍有了事都要找他，大家都很尊敬他。张灶王整整活了70岁，寿终正寝时正好是腊月二十三深夜。

张灶王一去世，张家可乱了套，原来张灶王是一家之主，家里事都听他吩咐，现在大哥离开人间，弟弟只会诗书绘画，虽已花甲，但从未管过家务。儿女侄媳妇们都吵着要分家，画师被搅得无可奈何，整日愁眉苦脸。

有一天，他终于想出个好点子。就在腊月二十三张灶王亡故一周年的祭日，深夜，画师忽然呼叫着把全家人喊醒，说是大哥显灵了。

他将儿子媳妇全家老小引到厨房，只见黑漆漆的灶壁上，飘动的烛光若隐若现显出张灶王和他已故的妻子的容貌，家人都惊呆了。

画师说："我寝时梦见大哥和大嫂已成了仙，玉帝封他为'九天东厨司命灶王府君'。你们平素好吃懒做，妯娌不和，不敬不孝，闹

请灶神

得家神不安。大哥知道你们在闹分家，很气恼，准备上天禀告玉帝，年三十儿晚下界来惩罚你们。"

儿女侄媳们听了这番话，惊恐不已，立即跪地连连磕头，忙取来张灶王平日爱吃的甜食供在灶上，恳求灶王爷饶恕。

从此以后，经常吵闹的儿女侄媳妇们再也不敢撒泼，全家平安相处，老少安宁度日。这事给街坊邻友知道后，一传十，十传百，都赶来张家打探虚实。

其实，腊月二十三日夜灶壁上的灶王，是画师预先绘制的。他是假借大哥显灵来镇吓儿女侄媳妇们，不料此法果真灵验。所以当乡邻来找画师探听情况时，他只得假戏真做，把画好的灶王像分送给邻舍。如此一来，各乡流传，家家户户的灶房都贴上了灶王像。

岁月流逝就形成了腊月二十三给灶王爷上供、祈求合家平安的习俗。祭灶风俗流传后，自周开始，皇宫也将它列入祭典，在全国立下祭灶的规矩，成为固定的仪式了。

阅读链接

灶神是男是女？自古便有不同的说法，一般经学家认为灶神为老妇，或为美女，《杂五行书》记载："灶神名禅，字子郭，衣黄衣，披发，从灶中出。"看样子颇为飘逸，大约出于清代的《敬灶全书》又说："灶君姓张，名单，字子郭，当属男神。"

民间供奉的东厨司命、定福灶君的纸马，往往是一对老夫妇并坐，即灶君和灶君夫人的画像，看来我国的百姓是怕男性灶神寂寞才为其添了一位灶王奶奶一同供奉。

源于古代信奉灶神的历史

在古代人们信奉的众多神灵中，灶神在民间的地位是最高的。灶神，俗称灶君、灶爷、灶王爷，是由原始的火崇拜发展起来的一种神祇崇拜。

灶王爷像

自灶神产生之日起，其职掌便与火或灶火毫无关系，他是天帝派驻各家的监察大员，是一家之长，负责监督一家老小的善恶功过，定期上报天庭，因而得到一般老百姓的顶礼膜拜。

早在春秋时期，人们就流传着"与其媚于奥，宁媚于灶"的俗谚。

孔子在向其弟子解释人们

"媚于灶"的原因时指出："不然，获罪于天，无所祷也。"也就是说，如果不讨好灶神，他就会向上天告你的恶状。

由于人与天帝无法沟通，所以，天帝那儿只能任凭灶神如何说。东晋道教学者、著名炼丹家、医药学家葛洪《抱朴子·微旨》说：

> 月晦之夜，灶神亦上天白人罪状。大者夺纪。纪者，三百日也。小者夺算。算者，一百日也。

也就是说，谁要是得罪了灶神，严重的要少活300天，轻微的也要少活100天。试想，平白无故地丢掉几百日的寿命，这种惩罚实在是让人畏惧。

早期的灶神产生于人们对火的自然崇拜。在秦代以前，祭灶就已成为国家祀典的"七祀"之一了。到了汉代，祭灶又被列为大夫"五祀"之一，并且灶神也被人格化，并被赋予新的功能。

《太平御览》卷一八六引《淮南万毕术》就说：

> 灶神晦日归天，白人罪。

东汉末年的经学大师郑玄注《礼记·记法》也说：

> 灶神居人间，司察小过，作谴告者也。

灶王牌位

古城灶君庙

　　这说明，至少在汉代，灶神已成为督察人间过错，专向天帝打小报告，说人坏话的神了。

　　所以，人们如果要祈福禳灾，便要对灶王爷恭恭敬敬，如不得用灶火烧香，不得击灶，不得将刀斧置于灶上，不得在灶前讲怪话、发牢骚、哭泣、呼唤、唱歌，不得将污脏之物送入灶内燃烧等，名目繁多。

　　腊月二十三这天，灶王爷会升天向玉皇大帝汇报一家人的善行或恶行，玉皇大帝根据灶王爷的汇报，将这家人在新的一年中应该得到的吉凶祸福的命运交于灶王爷之手。因此送灶时，人们在灶王像前的桌案上供放糖果、清水、料豆、秣草。

　　其中，后三样是为灶王升天的坐骑备料，这就是所谓的祭灶。祭灶时要设立神主，用丰盛的酒食作为祭品。还要陈列鼎俎，设置笾豆、迎尸等，带有很明显的原始拜物教的痕迹。

　　旧时，差不多家家灶间都设有"灶王爷"神位。灶王龛大都设在灶房的北面或东面，中间供上灶王爷的神像。没有灶王龛的人家，也要将神像直接贴在墙上。

■腊月二十三送灶神泥塑

　　有的神像只画灶王爷一人。这大概是模仿人间夫妇的形象。灶王爷像上大都印有这一年的日历，上书"东厨司命主""人间监察神""一家之主"等文字，以表明灶神的地位。

　　灶王爷自上一年的除夕以来就一直留在家中，以保护和监察一家，到了腊月二十三灶王爷便要升天，去向天上的玉皇大帝汇报这一家人的善行或恶行，送灶神的仪式称为"送灶"或"辞灶"。

　　送灶，多在黄昏入夜之时举行。一家人先到灶房，摆上桌子，向设在灶壁神龛中的灶王爷敬香，并供上用饴糖和面做成的糖瓜等。

　　然后将竹篾扎成的纸马和喂牲口的草料，用饴糖供奉灶王爷，是让他老人家甜甜嘴。有的地方，还将糖涂在灶王爷嘴的四周，边涂边说："好话多说，不好话别说。"这是用糖塞住灶王爷的嘴，让他别说坏话。

　　在唐代著作《辇下岁时记》中就有"以酒糟涂于灶王爷醉酒"的记载。人们用糖涂完灶王爷的嘴后，便将神像揭下焚烧，灶王爷和纸与烟一起升天了。

　　有的地方则是晚上在院子里堆上芝麻秸和松树枝，再将供了一年的灶君像请出神龛，连同纸马和草料，点火焚烧。

院子被火照得通明，此时一家人围着火叩头。上西天，有壮马，有草料，一路顺风平安到。供的糖瓜甜又甜，请对玉皇进好言。

送灶君时，有的地方尚有乞丐数名，乔装打扮，挨家唱送灶君歌，跳送灶君舞，名为"送灶神"，以此换取食物。

送灶习俗在我国南北各地极为普遍，《庚子送灶即事》曾说：

只鸡胶牙糖，典衣供瓣香。

家中无长物，岂独少黄羊。

在《送灶日漫笔》一文中也说：

灶君升天的那日，街上还卖着一种糖，有柑子那么大小，在我们那里也有这东西，然而扁的，像一个厚厚的小烙饼。那就是所谓"胶牙饧"了。本意是在请灶君吃了，粘住他的牙，使他不能调嘴学舌，对玉帝说坏话。

《后汉书·阴识传》提到"黄羊"的典故：

宣帝时，阴子方者至孝有仁恩。腊日晨炊，而

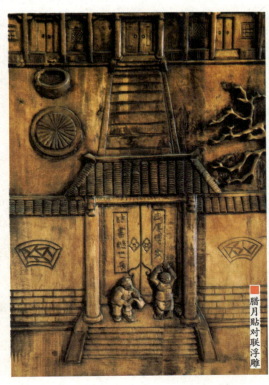

腊月贴对联浮雕

■ 祭灶用品

灶神形见，子方再拜受庆；家有黄羊，因以祀之。自是已后，暴至巨富。至识三世，而遂繁昌，故后常以腊日祀灶而荐黄羊焉。

阴子方看见灶神，杀黄羊祭祀，后来交了好运。从此，杀黄羊祭灶的风俗就流传下来了。同时还要燃鞭放炮送灶神。祭灶用罢的祭灶糖，一般都与炒玉荽搅在一起握成团子，分发给家里的小孩或大人吃。按传统观念，祭灶日为新年的前奏。延续流传口诀是：

二十一，送闺女；二十二，送小四；

二十三，祭灶官；二十四，扫灰刺；

二十五，和煤土；二十六，割下肉；

二十七，去赶集；二十八，握疙瘩；

二十九，打壶酒；三十，墙上贴上胖孩；初一，撅的屁股作揖。

范成大（1126年—1193年），南宋诗人。从江西派入手，后学习中晚唐诗，继承了白居易、王建、张籍等诗人新乐府的现实主义精神，终于自成一家。风格平易浅显、清新妩媚。诗题材广泛，以反映农村社会生活内容的作品成就最高。

春节的序曲是腊月二十三的"祭灶"，在古代其地位仅次于中秋节，古时在外做官、经商或读书者，都要在祭灶日前赶回家团圆，吃自家做的祭灶糖果，以求灶神祈福、来年全家平安。

唐宋时祭灶的供品是相当丰富的。宋代诗人范成大的《祭灶词》对当时民间祭灶作了极其生动的描写：

> 古传腊月二十四，灶君朝天欲言事。
> 云车风马小留连，家有杯盘丰典祀。
> 猪头烂熟双鱼鲜，豆沙甘松米饵圆。
> 男儿酌献女儿避，酹酒烧钱灶君喜。
> 婢子斗争君莫闻，猫犬触秽君莫嗔。
> 送君醉饱登天门，勺长勺短勿复云，
> 乞取利市归来分。

诗写得真实细致饶有情趣，足见古代民风对祭灶的重视、食品的丰盈。

祭灶燃放爆竹雕塑群像

腊月二十三的祭灶与过年有着密切的关系。因为，在一周后的大年三十儿晚上，灶王爷便带着一家人应该得到的吉凶祸福，与其他诸神一同来到人间。

灶王爷被认为是为天上诸神引路的。其他诸神在过完年后再度升天，只有灶王爷会长久地留在人家的厨房内。迎接诸神的仪式称为"接神"，对灶王爷来说叫作"接灶"。

接灶一般在除夕，仪式要简单得多，到时只要换上新灶灯，在灶龛前燃香就算完事了。接着便轮到祭拜祖宗。古时祭灶不分身份，上至皇帝、大臣，下至平民百姓，对灶神都是毕恭毕敬。

据有关资料记载：每年腊月二十三，清朝皇帝例行在坤宁宫大祭灶神，同时安设天、地神位，皇帝在神位前行九拜礼，以迎新年福禧。祭灶这天，坤宁宫设供案，安放神牌，神牌前安放香烛供品，殿廷中设燎炉、拜褥。

灶神的崇拜，从早期的企求降福，到后来的谨盼避祸，曲折地反映了古代人们对自己命运的茫然不解，只能把自己遭遇的各种吉凶祸福托之于神，而灶神不许有怨言、说怪话、发牢骚的种种禁忌。

阅读链接

过去，由于一般每家在灶台附近贴有灶神画像，有时还有灶王奶奶画像陪伴，经过一年烟熏火燎，画像已旧，面目黢黑。

腊月二十三这天，要把旧像揭下，用稻草为灶神扎一草马，为了让他"上天言好事，回宫降吉祥"，还要贿赂他，用一块黏稠的糖瓜或者是糕粘在他嘴上，以使其"嘴甜"只能说好事，然后和草马一起烧掉。

这个过程被称为辞灶。大年三十儿再将一幅新灶神画像请回贴上。在中间这几天内，由于没有灶神的监督，一般人放量暴饮暴食、聚众赌博，放纵自己做一些自己平时也认为不应该犯的小过错。

节令饮食以及晋北祭灶文化

做糖瓜、祭灶是腊月二十三的主要活动，从此后就进入准备过年的阶段了，人们从精神上开始放松。祭灶节在民间十分讲究，取意"送行饺子迎风面"。山区多吃糕和荞面。晋东南地区，流行吃炒玉米的习俗，民谚有"二十三，不吃炒，大年初一一锅倒"的说法。

古话说"二十三，糖瓜粘，灶君老爷要上天"。灶糖是一种麦芽糖，黏性很大，把它抽为长条形的糖棍称为"关东糖"，拉制成扁圆形就叫作"糖瓜"。冬天把它放在屋外，因为天气严寒，糖瓜凝固得坚实而里边又有些微小的气泡，吃起来脆甜香酥，别有风味。

祭灶糖瓜

■ 传统婚礼蜡像

《燕京岁时记》是一部记叙清代的北京时风俗杂记。此书除记载当时的北京风俗外，大多数条目还同时引征他书，如《荆楚岁时记》《玉烛宝典》《日下旧闻考》《居易录》等，兼述前代有关习俗制度，有的还穿插有考证。

真正的关东糖坚硬无比，摔不能碎，吃时必须用菜刀劈开，质料很重很细。口味稍酸，中间绝没有蜂窝，每块重一两、二两、四两，价格也较贵一些。

糖瓜分有芝麻的和没芝麻的两种，用糖做成甜瓜形或北瓜形，中心是空的，皮厚不及五分，虽大小不同，成交以分量计算，大的糖瓜有重一二斤的。

关东糖又称灶王糖、大块糖。一年之中，只有在小年前后才有出售。关东糖是用麦芽、小米熬制而成的糖制品，它是祭灶神用的。

清代人写的《燕京岁时记》中记载，清代祭灶，供品中就有"关东糖""糖饼"。

关东糖在东北地区的大街小巷、街市上，都有小贩叫卖："大块糖，大块糖，又酥又香的大块糖。"乳白色的大块糖，放在方盘上，一般有三寸长，一寸宽，扁平，呈丝条状。

新做的大块糖，放在嘴里一咬，又酥又香，有黏性，有一种特殊风味，是关东男女老少都十分喜爱的一种糖。它已从灶王爷的祭桌上走下来，广为百姓享用。

在晋北地区流传着这样的民歌：

腊月二十三 、灶君爷爷您上天 ，嘴里吃了糖饧板，玉皇面前免开言，回到咱家过大年，有米有面有衣穿。

表现了对美好生活的追求与向往。

过了二十三，民间认为诸神上了天，百无禁忌。娶媳妇、聘闺女不用择日子，称为赶乱婚。直至年底，举行结婚典礼的特别多。

民歌 起源于或流传于百姓中间并成为他们独特文化一部分的歌曲，民间文学的一种。劳动人民的诗歌创作，一般是口头创作，口头流传，并在流传过程中不断经过集体的加工。民歌的特点是表达劳动人民的思想、感情、意志、要求和愿望，具有强烈的现实性，是各民族文艺中的一个重要组成部分。

■ 腊月二十八贴窗花群像

■ 传腊月二十四扫房子塑像

民谣有这样的说法：

> 岁晏乡村嫁娶忙，
> 宜春帖子逗春光。
> 灯前姊妹私相语，
> 守岁今年是洞房。

过了二十三，离春节只剩下六七天了，过年的准备工作显得更加热烈了。要彻底打扫室内，俗称扫家，清理箱、柜、炕席底下的尘土，粉刷墙壁，擦洗玻璃，糊花窗，贴年画等。

晋东南地区民间流传着两首歌谣，其一是：

> 二十三，打发老爷上了天；二十四，扫房子；二十五，蒸团子；二十六，割下肉；二十七，擦锡器；二十八，沤邋遢；二十九，洗脚手；三十日，门神、对联一齐贴。

体现了时间紧迫和准备工作的紧张。

其二是一首童谣：

> 二十三，祭罢灶，小孩拍手哈哈笑。再过五六天，大年就来到。辟邪盒，要核桃，滴滴点点两声炮。五子登科乒乓响，起火升得比天高。

反映了儿童盼望过年的欢愉心理。

千秋佳节

传统节日与文化内涵

在所有准备工作中，剪贴窗花是最盛行的民俗活动。内容有各种动、植物等掌故，如喜鹊登梅、燕穿桃柳、孔雀戏牡丹、狮子滚绣球、三羊开泰、二龙戏珠、鹿鹤桐椿、五蝠捧寿、犀牛望月、莲年有鱼、鸳鸯戏水、刘海戏金蟾、和合二仙等。

　　也有各种戏剧故事，民俗有"大登殿，二度梅，三娘教子四进士，五女拜寿六月雪，七月七日天河配，八仙庆寿九件衣"的说法，体现了民间对戏剧故事的偏爱。有新媳妇的人家，新媳妇要带上自己剪制的各种窗花，回娘家糊窗户，左邻右舍还要前来观赏。

　　腊月二十三后，家家户户要蒸花馍。大体上分为敬神和走亲戚用的两种类型。前者庄重，后者花哨。特别要制作一个大枣山，以备供奉灶君。

　　接着，家家户户都要写春联。民间讲究有神必贴，每门必贴，每物必贴，所以春节的对联数量最多，内容最全。神灵前的对联特别讲究，多为敬仰和祈福之言。

　　常见的有天地神联："天恩深似海，地德重如山"；土地神联：

■腊月二十八塑像

"土中生白玉，地内出黄金"；财神联："天上财源主，人间福禄神"；井神联："井能通四海，家可达三江"。

粮仓、畜圈等处的春联，则都是表示热烈的庆贺与希望。如"五谷丰登，六畜兴旺""米面如山厚，油盐似海深""牛似南山虎，马如北海龙""大羊年年盛，小羔月月增"等。

另外还有一些单联，如每个室内都贴"抬头见喜"，门子对面贴"出门见喜"，旺火上贴"旺气冲天"，院内贴"满院生金"，树上贴"根深叶茂"，石磨上贴"白虎大吉"等。大门上的对联，是一家的门面，特别重视，或抒情，或写景，内容丰富，妙语连珠。

腊月二十三以后，大人、小孩都要洗浴、理发。民间有"有钱没钱，剃头过年"的说法。

吕梁地区讲究腊月二十七洗脚。这天傍晚，婆姨女子都用开水洗脚。不懂事的女孩子，大人们也要帮她把脚擦洗干净，不留一点污秽。

民间传有"腊月二十七，婆姨女子都洗脚。一个不洗脚，流脓害水七个月"的俗语。

阅读链接

灶君神像，贴在锅灶旁边正对风匣的墙上。两边配联多为"上天言好事，下界保平安"，下联也有写成"回宫降吉祥"的。中间是灶君夫妇神像，神像旁边往往画两匹马作为坐骑。

祭灶时要陈设供品，供品中最突出的是糖瓜。晋北地区习惯用饧，是麻糖的初级品，特黏，统称麻糖。供品中还要摆上几颗鸡蛋，是给狐狸、黄鼠狼之类的零食。据说它们都是灶君的部下，不能不打点一下。

祭灶时除上香，送酒以外，特别要为灶君坐骑撒马料，要从灶台前一直撒到厨房门外。这些仪程完了以后，就要将灶君神像拿下来烧掉。等到除夕时再设新神像。

中和节，又称龙抬头、龙头节，亦称春龙节、青龙节。也是传说中黄帝诞辰的日子，炎黄子孙共同的节日。

中和节是唐代唐德宗李适在789年所制定的，又名二月二"龙抬头"。本来在二月初一，后将土地神生日纳入其中之后，才将日期定在了二月二，但是在我国的民间，则更愿意将这一天称为"二月二，龙抬头"。

龙抬头是我国民间的传统节日，汉族有，其他民族也有，是农村中的一个传统节日，人们会在这一天举行各种各样的活动，以示敬龙祈雨，让老天保佑丰收。

风调雨顺

中和节

有关二月二龙抬头的传说

　　传说那是在古时候，关中地区久旱不雨，玉皇大帝命令东海小龙前去播雨。小龙因为贪玩，一头钻进河里再也没有出来。

　　有个小伙子，到悬崖上采来了"降龙水"，搅浑河水。小龙从河中露出头来与小伙子较量，小龙被击败，只好播雨。

　　其实，所谓"龙抬头"指的是经过冬眠，百虫开始苏醒。所以俗话说"二月二，龙抬头，蝎子、蜈蚣都露头。""二月二"还有一种说

二月二艺术画

法叫"春龙节"，据说，这一天如果还没有醒的话，那"轰轰隆隆"的雷声就要来呼唤它了。

许慎的《说文解字》记载：

龙，鳞中之长，能幽能明、能细能巨，能长能短，春分登天，秋分而潜渊。

龙王塑像

这大概就是"春龙节"习俗的最早记载。据说，后来武则天当了皇帝，玉帝便下令三年内不许向人间降雨。但司掌天河的玉龙不忍百姓受灾挨饿，偷偷降了一场大雨，玉帝得知后，将司掌天河的玉龙打下天宫，压在一座大山下面。山下立了一通石碑，写道：

龙王降雨犯天规，当受人间千秋罪。
要想重登灵霄阁，除非金豆开花时。

人们为了拯救龙王，到处寻找开花的金豆。到了第二年农历二月初二这一天，人们正在翻晒金黄的玉米种子，猛然想起，这玉米就像金豆，炒开了花，不就是金豆开花吗？

于是家家户户爆玉米花，并在院里设案焚香，供

石碑 把功绩勒于石上，以传后世的一种石刻。一般以文字为其主要部分，上有螭首，下有龟趺。多镌刻文字，意在垂之久远。

《说文解字》作者是东汉的经学家、文字学家许慎，它是世界上最早的字典之一，是我国第一部按部首编排的字典。《说文解字》共15卷，其中包括序目1卷。许慎在《说文解字》中系统地阐述了汉字的造字规律——六书。

■ 地方习俗祭龙王

上"开花的金豆"，专让龙王和玉帝看见。

龙王知道这是百姓在救它，就大声向玉帝喊道："金豆开花了，放我出去！"

玉帝一看人间家家户户院里金豆花开放，只好传谕，诏龙王回到天庭，继续给人间兴云布雨。

从此以后，民间形成了习惯，每到农历二月初二这一天，人们就爆玉米花，也有炒豆的。

有的地方在院子里用灶灰撒成一个个大圆圈，将五谷杂粮放于中间，称作"打囤"或"填仓"。其意是预祝当年五谷丰登，仓囤盈满。

乾卦 易经学说专用名词，是易经64卦的第一卦，上上卦，乾卦主显，是"显学"，坤卦主隐，是隐学。两卦不可分割，乃是一个整体，是万物运动最本质的过程。

这种"天上人间，融为一体"的民间故事，是古代劳动人民智慧的结晶，从另一个角度也反映出古代农业受天气制约的现实以及耕者渴望风调雨顺、五谷丰登的美好愿望。

传说每逢农历的二月初二，是天上主管云雨的龙王抬头的日子。从此以后，雨水会逐渐增多起来。其源起当在原始社会的神话之中。众所周知，华夏先民把创世英雄伏羲尊为"龙的化身"，把"龙"作为民族文化的象征。

《易经》乾卦中"见龙在田"即指田野里安眠的"龙"，冬去春来，万象更新，"龙"苏醒了，抬起头来欣迎美丽的春天，于是，以"龙的传人"自居的子民们，便开始了春耕。

在过去，人们在这一天照例用青囊盛百谷瓜果互相赠送谓"献生子"，农家自酿"宜春酒"祭勾芒神以祈丰年，朝廷百官都进农书表示务农。举国上下都在"春祈"中寄托"四季平安"和"五谷丰登"的希望。

此时正值惊蛰前后，春归大地，万物复苏，蛰伏在泥土或洞穴中的昆虫蛇兽将从冬眠中醒来，传说中的龙也从沉睡中醒来，故名"龙抬头"。

古时龙是神圣的象征，所以就借龙来驱逐害虫。明代曾流行熏虫儿，二月初二这天人们要把元旦祭祀余下的饼，用油煎，以此熏床和炕，叫熏虫儿。

在农村，老百姓用草木灰蜿蜒围宅一圈，再入院内绕水缸一圈，中引龙回。

有趣的是，这天的饮食

■ 龙王塑像

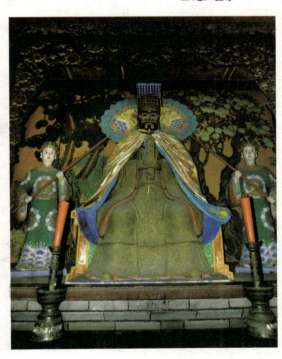

也多以龙为名。吃水饺叫吃"龙耳"，吃春饼叫吃"龙鳞"，吃面条叫吃"龙须"，小孩这天剃头理发，叫"剃龙头"。妇女在这天还不动针线，据说是为了避免伤了龙眼。

但据记载，"二月二，龙抬头"与古代天文学对星辰运行的认识和农业节气有关。

从古代天文学的观天模式来看，在周天黄道确定28个星座，称为28宿。古人将这28个星宿按照东南西北分成4宫，每宫7宿，并按照它们的形象将四宫附会为4种动物。其中，东宫7宿被想象成一条南北伸展的巨龙，由30颗恒星组成。

恒星是相对不动的，当地球公转的位置使巨龙星座与太阳处在同一方向时，太阳的光芒就会淹没掉星光，人们就会看不到天上的那条巨龙。

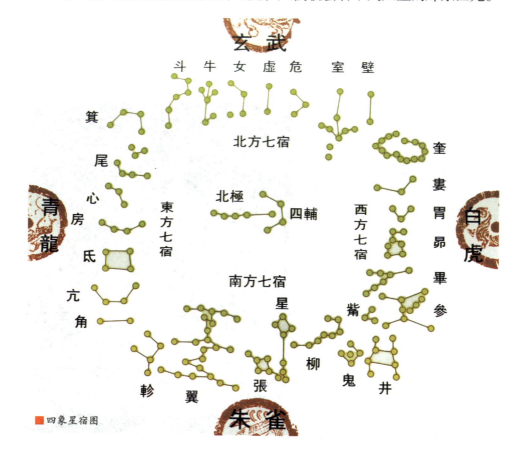

■ 四象星宿图

而过一段时间以后，地球的位置转移了，巨龙星座又会重新出现，周而复始，古人找到了这个规律，并以它来判断时令。

当被称为"龙角"的东宫7宿的第一宿出现于地平线上时，正值春天来临，所以，古人将它的出现作为春天的标志。而此时，恰逢我国农历二月雨水节气前后，由此产生了"二月二，龙抬头"的说法。

"二月二，龙抬头"象征着春回大地，万物复苏。那么，"龙"在哪里？它是怎样"抬头"的？

我国把恒星划分成为"三垣"和"四象"七大星区。所谓"垣"就是"城墙"的意思。"三垣"是"紫微垣"，象征皇宫；"太微垣"，象征行政机构；"天市垣"，象征繁华街市。这三垣环绕着北极星呈三角状排列。

在"三垣"外围分布着"四象"，即东苍龙、西白虎、南朱雀、北玄武，也就是说，东方的星象如一条龙，西方的星象如一只虎，南方的星象如一只大鸟，北方的星象如龟和蛇。

由于地球围绕太阳公转，天空的星象也随着季节转换。苍龙头部"角宿"上有两颗星，名叫角宿一和角宿二，代表苍龙头上的两只犄角。"角宿"之后的四颗星是"亢宿"，亢是龙的咽喉，在咽喉下面有四

■ 龙王雕塑

四象 古人把东、北、西、南四方每一方的七宿想象为四种动物形象，叫作四象。四象在我国传统文化中指青龙、白虎、朱雀、玄武，分别代表东西南北四个方向，源于中国古代的星宿信仰。在二十八宿中，四象用来划分天上的星星，也称四神、四灵。

颗星排列成一个簸箕的形状是"氐宿"，代表着龙爪。龙爪后面的房宿、心宿、尾宿和箕宿分别代表了龙的心脏和尾巴。

每到冬春之交的傍晚，苍龙显现，春夏之交，玄武升起，夏秋之交，白虎露头，秋冬之交，朱雀上升，就有了"龙抬头"的说法。

二月二龙抬头的形成，也与自然地理环境有关。二月二龙抬头节，主要流行于我国的北方地区，南方水多，土地少，这天多流行祭祀土地社神。

由于北方地区常年干旱少雨，地表水资源短缺，而赖以生存的农业生产又离不开水，病虫害的侵袭也是庄稼的一大祸患。

因此，人们求雨和消灭虫患的心理便折射到日常信仰当中，二月初二的龙抬头节对人们而言也就显得格外重要。

依靠对龙的崇拜驱凶纳吉，寄托人们对美好生活的向往，希望龙神赐福人间，人畜平安，五谷丰登。龙抬头那天属蛇的和属龙的洗衣服好，洗去一身的晦气。

阅读链接

古时，人们观察到苍龙星宿春天自东方夜空升起，秋天自西方落下，其出没周期和方位正与一年之中的农时周期相一致。

春天农耕开始，苍龙星宿在东方夜空开始上升，露出明亮的龙首；夏天作物生长，苍龙星宿悬挂于南方夜空；秋天庄稼丰收，苍龙星宿也开始在西方坠落；冬天万物伏藏，苍龙星宿也隐藏于北方地平线以下。

而每年的农历二月初二晚上，苍龙星宿开始从东方露头，角宿，代表龙角，开始从东方地平线上显现，大约一个钟头后，亢宿，即龙的咽喉，升至地平线以上，接近子夜时分，氐宿，即龙爪也出现了。这就是"龙抬头"的过程。

之后，每天的"龙抬头"时刻，均约提前一点，经过一个多月时间，整个"龙头"就"抬"起来了。

典籍记载中的中和节风俗

　　二月二这个节日文献记载中最早见于盛唐时期，名称也有所改变。789年，德宗皇帝李适下诏，废除正月晦日之节而建"中和节"。

　　《礼记·中庸》记载："致中和，天地位焉，万物育焉。" 是说"中和节"以后人们便要投入紧张的春耕了。江苏武进民谚道："二月二，葫芦茄子齐下地"，是说到此时令，各种瓜果蔬菜均需播种了。

　　传说在伏羲时代那个时候，就"重农桑，务耕田"，每年农历二

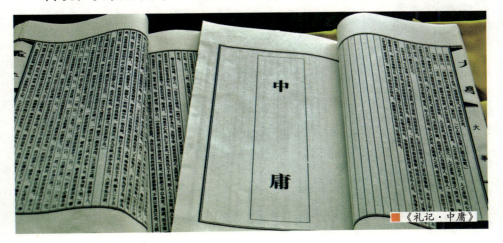

《礼记·中庸》

李泌（722年—789年），唐朝大臣，深得唐玄宗赏识，令其待诏翰林，为东宫属言。为杨国忠所忌，归隐名山。安禄山叛乱，肃宗即位灵武，召他参谋军事，又为幸臣李辅国等诬陷，复隐衡岳。代宗即位，召为翰林学士，又屡为权相元载、常衮排斥，出为外官。

唐代鎏金铜尺

月初二"皇娘送饭，御驾亲耕"。到周武王时期，每年农历二月初二还要举行盛大仪式，号召文武百官都要亲耕。

据记载，中和节是在唐代大臣李泌的提议下兴起的。他提倡设立这个节日的理由是为了祭勾芒神，也就是祭日神。传说中和节是太阳的生日。

尉迟枢《南梵新闻》记载说：

李泌谓以二月初一为中和节，人家以青囊盛百谷果实，更相馈遗，务极新巧，宫中亦然，谓之献生子。

可见献生子是中和节活动的主要特点。在唐代帝王的倡导下，中和节达到了极盛，每年逢此日，人们都要加以庆祝并举行祭祀活动。

中和节主要兴盛于唐代，但以后各朝仍然把它当作一个节日看待，每逢这一天，皇帝都要举行耕种仪式，象征性地赐给人民百谷，以示劝民努力从事耕织之义。在民间，亲友们也常聚集在一起喝中和酒，并祭祀勾芒神。

起初，中和节原本是在农历二月初一的，后来将土地神生日纳入其中以后，才将日期改为农历二月初二。但是在民间，人们却更愿意将这一天称为"二月二"。

在二月二这天，人们往往还互赠刀、尺之类的礼物，勉励努力劳作。

唐李林甫《唐六典》卷二十二提到中尚署令每年农历二月初二向皇上提供"镂牙尺及木画紫檀尺"，因为皇上要在节日期间向身边的大臣赏赐这些尺子。

唐玄宗时的宰相张九龄有《谢赐尺诗状》文，这应该是节日期间的赏赐活动。唐代的镂牙尺被后人称为"拨镂牙尺"，制作方法是把象牙染成红绿诸色，表面镌刻上各种花纹并涂上色彩，十分精美。

■ 张九龄画像

二月初二为什么要赏赐尺子呢？仲春二月是日夜平分的月份，古人顺应天时，选择在二月份校正度量衡器具，认为这样可使度量衡器公平准确。

皇帝给臣下赏赐尺子，是希望臣子们能够办事公正，权衡协调好各种关系。二月初二在唐代诗人笔下也有记述。

如白居易《二月二日》诗：

二月二日新雨晴，草芽菜甲一时生。
轻衫细马春年少，十字津头一字行。

这些记载表明，当时二月二已成为一个流行的节日，主要习俗是寻花觅草，踏青游乐，所以又叫踏青节。一般在郊外踏青的同时，顺带挑一些野菜回家。

唐代李淖《秦中岁时记》：

> 二月二日，曲江采菜，士民游观极盛。

所以二月二又称为"挑菜节"。唐代在二月二还会举行"迎富"活动。

五代韩鄂《岁华纪丽》卷一"巢人乞子以得富"注：

> 昔巢氏时，二月二乞得人子归养之，家便大富，后以此日出野田采蓬叶，向门前以祭之，云迎富。

这一天人们都要吃"迎富贵果子"。

宋·庞元英《文昌杂录》卷三记载：

> 唐岁时节物，元日则有屠苏酒、五辛盘、胶牙饧，人日则有煎饼，上元则有丝笼，二月二则有迎富贵果子。

宫廷也很重视二月二，这一天要举办挑菜御宴。

传统节日与文化内涵

迎春纳福活动

宋代周密在《武林旧事》卷二中介绍说：

■ 蔬菜图

二日宫中排办挑菜御宴。先是内苑预备朱绿花斛，下以罗帛作小卷，书品目于上，系以红丝，上植生菜、荠花诸品，俟宴酬乐作，自中殿以次各以金篦挑之。

后妃、皇子、贵主、婕妤及都知等，皆有赏无罚。以次每斛十号，五红字为赏，五黑字为罚。

上赏则成号珍珠、玉杯、金器、北珠、篦环、珠翠、领抹，次亦铤银、酒器……官窑定器之类，罚则舞唱吟诗、念佛、饮冷水、吃生姜之类，用此以资嬉笑。王宫贵邸亦多效之。

原来宫中的挑菜不是真正去挑采野菜，而是将民间的挑野菜习俗艺术化、游戏化，对挑中红色书写的野菜名的人给予奖赏，挑中黑色书写的野菜名的人给予惩罚。贵族之家二月二也玩这种游戏。

二月二跟龙联系到一起的观念兴起于宋元之际。元代的释万松行秀《从容庵录》卷二第二十四则

周密（1232年—1298年），他的诗文都有成就，又能诗画音律，尤好藏弃校书，一生著述较丰。著有《齐东野语》《武林旧事》《癸辛杂识》《志雅堂要杂钞》等杂著数十种。

杂剧 最早见于唐代，那意思和汉代的"百戏"差不多，泛指歌舞以外诸如杂技等各色节目。"杂"谓杂多，"百"也是形容多，"戏"和"剧"的意思相仿，但都没有后来"戏剧"的意思。到了宋代，"杂剧"逐渐成为一种新表演形式的专称。

《雪峰看蛇》中说：

> 今朝二月二，暂放龙抬头。

《朱太守风雪渔樵记》杂剧第三折也说：

> 原来那相公宽宏大量，他着我抬起头来。
>
> 我道："老汉不敢抬头。"
>
> 他道："你为什么不抬头？"
>
> 我道："我直到二月二，那时可是龙抬头，我也不敢抬头。"

这些说法表明，宋元之时民间认为二月二是龙抬头的日子。

天上"龙抬头"的同时，人间万物复苏，大地返

■ 农耕仪式

青，春耕生产全面展开。一年之计在于春。春耕是关系到国计民生的大事，所以古代上上下下都很重视，由此形成了一系列的民俗活动。

皇帝在这一天要率百官出宫，举行隆重的"御耕"仪式，皇帝亲自扶一下犁，耕地松土，以示重视农业。

过去有一幅年画，叫《天子耕田》，画中一位头戴皇冠、身穿龙袍的皇帝正手扶犁把耕田，身后有一位宫女为他举着屏扇，耕牛的旁边有三位身穿长袍的官员在赶牛，远处是挑篮送饭的皇后和宫女。

■ 古代粮仓

上面还题诗一首：

二月二，龙抬头，天子耕地臣赶牛。
正宫国母来送饭，五谷丰登太平秋。

民间流传的谚语说：

二月二，龙抬头；大仓满，小仓流。

有些乡村这一天要举行"画仓"仪式，由家里年长的人手端一簸箕灶灰在谷场和庭院撒出谷仓，先撒仓顶，再撒仓肚，随后撒仓门，撒完后，让儿孙们抓些五谷杂粮放在仓里，上面盖上纸，再用砖块或石板

谚语 是熟语的一种。是流传于民间的比较简练而且言简意赅的话语。这些谚语多数反映了劳动人民的生活实践经验，而且一般都是经过口头传下来的。它多是口语形式的通俗易懂的短句或韵语。和谚语相似但又不同的有成语、歇后语、俗语、警语等。

■ 风调雨顺图

压严，表示仓粮完好，不会损坏。

这是为了祈祷新的一年风调雨顺，五谷丰登。可以说二月二的大多数活动都是围绕农业生产而展开的，唐代出现的迎富习俗其实就已经蕴含了乞求农业丰收的因素。

古人认为龙在每年的秋分以后就会沉潜到水中不出来。

清代孙奇逢在《孙征君日谱录存》卷十九中说：

> 龙抬头口号：俗传此日龙抬头，犹恐龙眠尚未休。欲乘风云难得便，澄潭深处且藏修。

想要龙降雨，就得设法让它回到天空中去，使用最普遍的招数就是引龙出水。明人沈榜《宛署杂记》卷十七"二月引龙"条记载：

> 宛人呼二月二日为龙抬头。乡民用灰自门外委蜿布入宅厨，旋绕水缸，呼为引龙回。

这是用撒白灰的方法引龙。清代彭兆荪《小谟觞

孙奇逢（1584年—1675年），明末清初理学大家。与李颙、黄宗羲齐名，合称明末清初三大儒。学术著作有《理学宗传》《圣学录》《北学编》《洛学编》《四书近指》《读易大旨》五卷、《书经近指》。

馆诗文集·诗集》卷一的《楼烦风土词六首》自注：

《宛署杂记》
成于1593年，作者沈榜，《宛署杂记》记载了明代社会政治、经济、历史地理、风俗民情、人物遗文等资料，在北京史书匮乏的封建社会，它实际是宛平的县志，也是北京最早的史书之一。

二月二日为龙抬头日，自外汲水由大门引洒，谓之引龙。

这是用洒水的办法引龙。不少地方二月二早晨起来以后，家人要拿起长竿敲击房梁，目的是把"龙"唤醒，再用谷糠或黄土从井台向水缸引回一条"金龙"，意味着龙降雨后就会有一个金灿灿的丰收年。

有些地方则通过舞龙表演让龙清醒，让龙兴奋，以达到行云降雨的目的。为了让龙高高兴兴地降雨，人们对龙小心翼翼，生怕有所触犯。

民间有许多禁忌避讳"龙抬头"，诸如此日家中忌动针线，怕伤到龙眼，招灾惹祸。忌担水，认为这天晚上龙要出来活动，禁止到河边或井边担水，以免惊扰龙的行动，招致旱灾之年。忌讳盖房打夯，以防伤"龙头"。再者，忌讳磨面，认为磨面会榨到龙头，不吉利。

俗话说"磨为虎，碾为龙"，有石磨的人家，这天要将磨支起上扇，方便"龙抬头升天"。妇女在这一天忌做针线活，以防针扎坏龙眼、扎伤

■ 舞龙表演

■ 剃龙头雕塑

龙身，所以已婚的女子会在这一天纷纷回娘家探亲，民间有"二月二，家家接女儿"的谚语。

按照规矩，正月里是不能剃头的，民间有"正月剃头妨舅舅"的说法。到了二月二，人们则争先理发，这叫"剃龙头"。

许多地方对这一习俗很重视，因为谁都想沾上龙的光，一年里走好运，所以二月二这天就出现了大人孩子争先理发的场景。

为儿童理发，叫剃"喜头"，借龙抬头之吉时，保佑孩童健康成长，长大后出人头地；大人理发，辞旧迎新，希望带来好运，新的一年顺顺利利。

此外，大人们要用五色布剪出方形或圆形小块，中间夹以细秫秸秆，用线穿起来，作长虫状，戴在孩童衣帽上，俗称"戴龙尾"，驱灾辟邪。

旧时这天让孩子开笔写字，取龙抬头之吉兆，祝愿孩子长大后断文识字。二月二简单的举动，饱含着人们对孩子的殷切记挂，也饱含着自己对美好生活的希望。

我国古代将自然界中的生物分成毛虫、羽虫、介虫、鳞虫、人类五大类。毛虫指披毛兽类，龙是鳞虫之长，龙出则百虫伏藏。

二月初二正是惊蛰前后，百虫萌动，疾病易生，虫害也是庄稼的天敌，因此人们引龙伏虫，希望借龙威镇伏百虫，保佑人畜平安，五谷丰登。

惊蛰 古称"启蛰"，二十四节气中的第三个节气。汉朝第六代皇帝汉景帝的讳为"启"，为了避讳而将"启"改为意思相近的"惊"字。这时天气转暖，渐有春雷，动物入冬藏伏土中，不饮不食，称为"蛰"，而"惊蛰"即上天以打雷惊醒蛰居动物的日子。这时我国大部分地区进入春耕季节。

引龙伏虫的活动有很多，最有特点的是撒灰。撒灰十分讲究。灰多选用草木灰，人们自家门口以草木灰撒一条龙到河边，再用谷糠撒一条龙引到家，意为送走懒龙、引来钱龙，保佑人财两旺，从临街大门外一直撒到厨房灶间，并绕水缸一圈，叫作"引钱龙"。

将草木灰撒于门口，拦门辟灾，将草木灰撒于墙脚，呈龙蛇状，以招福祥、避虫害。

为了纳吉，二月二这天的食物也与"龙"相关，面条不叫"面条"，称作"龙须面"；水饺称作"龙耳""龙角"；米饭称作"龙子"；煎饼烙成龙鳞状，称作"龙鳞饼"；面条、馄饨一块煮叫作"龙拿珠"；吃猪头称作"食龙头"；吃葱饼叫作"撕龙皮"。一切均取与龙有关的象征与寓意。

就全国而言，由于地域不同，各地风俗也各有差异。二月二与"龙抬头"相关的活动很多，但不论哪种方式，均围绕美好的龙神信仰而展开，它是人们寄托生存希望的活动，衍化成"龙抬头节""春龙节"了。

阅读链接

人们在"中和节"祭祀的是传说中的"勾芒神"，是一个主管树木的神，《尚书大传》记载：东方之极，自碣石东至日出搏木之野，帝太神勾芒司之。

东汉班固《白虎通义》则说："其神勾芒者，物之始生，其精青龙。芒之为言萌也。"这正是迎春和万物生长的象征，明代杨慎《春雨》诗道："春雨掩柴扉，勾芒力尚微。"也有民谣说："中和节庆龙抬头，春祭勾芒祈丰收；白天耕田忙播种，夜里切草喂牲口。"

可以说"中和节"是围绕着春耕的，它是服务于农耕社会的重要农事节令。

独具地域特色的二月二食俗

清代北京岁时风土杂记《帝京岁时纪胜》中曾经详细记载了北京过中和节时的情景：

京师于是日以江米为糕，上印金乌圆光，用以祀日，绕街遍巷，叫而卖之，曰太阳鸡糕。其祭神云马，题曰太阳星君。焚帛时，将新正各门户张贴之五色挂钱，摘而焚之，曰太阳钱粮。

美味的太阳糕

太阳糕是每个家里必请的供品，即使手头拮据也总要请几块太阳糕应个景儿，以图吉利，祈求吉祥。

太阳糕一般使用和好的糯米粉垒放成多层，层与层

■ 春饼

之间撒上黑糖，再加些青红丝等，上面用红曲水印昂首三足鸡星君像，或在上面用模具压出"金乌圆光"代表太阳神。

太阳糕每五块为一碗，顶端还插有一只寸余高的面捏小鸡，十分喜气，深受人们的喜爱。

北京还有一种烙得很薄的面饼，又称薄饼。每年立春日，北京人都要吃春饼，名曰"咬春"。农历二月初二是我国古谚所说龙抬头的日子，这一天北京人也要吃春饼，名曰"吃龙鳞"。

春饼比吃烤鸭的薄饼要大，并且有韧性，北京人称为要有"骨立劲儿"，因为要卷很多菜吃。昔日，吃春饼时讲究到盒子铺去叫"苏盘"。盒子铺就是酱肉铺，店家派人送菜到家。

盒子里分格码放着有熏大肚、松仁小肚、炉肉、清酱肉、熏肘子、酱肘子、酱口条、熏鸡、酱鸭等，吃时需改刀切成细丝，另配几种家常炒菜，通常为肉

风调雨顺

中和节

太阳神 在洪荒时期，盘古开天辟地后，他左眼所化太阳星中诞生两尊金乌，号东皇太一与帝俊，后帝俊与盘古右眼所化的太阴星所诞生的两位女神羲和、常曦结合，与其中一位女神羲和诞下了10只金乌，而这10只金乌正是传说中的太阳。而羲和正因此而有"太阳之母"的尊称。

■ 驴打滚

豆面 各种豆类
农作物磨成的面
粉，比如黄豆、
豌豆、绿豆等，
但也有番薯。西
北一带豆面一般
指用豌豆磨成的
面粉，也有把莜
麦与豌豆按一定
比例混合然后磨
成面粉。低糖低
脂，含有丰富的
蛋白质、维生素
和人体必需的氨
基酸。营养价值
颇高。

丝炒韭芽、肉丝炒菠菜、醋烹绿豆芽、素炒粉丝、摊
鸡蛋等。

若有刚上市的"野鸡脖韭菜"炒瘦肉丝，再配以
摊鸡蛋，更是鲜香爽口，一起卷进春饼里吃，佐料有
细葱丝和淋上香油的黄酱。

吃春饼时，全家围坐一起，把烙好的春饼放在蒸
锅里，随吃随拿，为的是吃个热乎劲儿。若在二月二
这一天吃春饼，北京人还讲究把出嫁的姑娘接回家。

在北京，还有一种豆面糕，用蒸熟的黄米或糯米
揉成团，撒炒熟的黄豆面，再加入赤豆馅心，卷成长
条，撒上芝麻桂花白糖食用。由于清代经营食摊现制
现售"驴打滚"时，随制随撒豆面，犹如郊野毛驴就
地打滚粘满黄土似的，故得此诙谐之名。

老北京的习俗，人们总喜在农历二月买"驴打
滚"品尝，因而经营这种食品摊贩和推车小贩很多，
以天桥市场白姓食摊和"年糕虎"做的最有名气。

在晋南地区，认为二月二这一天是青龙活动的日子，忌去河边、井上担水，以免带回龙卵。在河边、井旁走动与劳作时，很注意安静，尽可能不弄出声响，以免惊动了青龙，把风调雨顺的好年景破坏了。

晋北地区这一天，盛行"司钱龙"。早上太阳未出山，家家户户提一把茶壶，到河边或井上去汲水。按照这一年几龙治水的推算，在茶壶内放几枚铜钱。

汲水以后，随走随倾地洒一条水迹回到家中，将余下的水与钱全部倒入水缸，钱龙就引回家来了，意喻一年发财。引钱龙时特别忌说话，以免惊跑了钱龙。

晋东南地区的引钱龙，是用灶灰，洒一条弯弯曲曲的灰线，从门外一直通到厨房，围绕水缸一圈即可。

俗话讲："惊蛰过，百虫苏。"青龙节里，民间流行着许多驱毒的活动。

《阳城县志》记载：

百蛰初惊，悬天师符以辟虫毒。

早上，人们起床时，忌说"起"字，恐怕一切毒虫也应声而起。晋南地区民俗喜煮蔓菁汤，遍洒屋内墙缝、墙角、炕席底、床下，谓之"禁百虫"。

铜钱 春秋战国时期，随着商品经济发展，使在流通中要分割和鉴定成色的金属称量货币逐步不适应，而被金属铸币所取代。我国历代古钱币大多数是以铜合金形式铸造的，方孔钱是古代钱币最常见的一种。

■《五毒图》轴

■ 哮天犬

千秋佳节

传统节日与文化内涵

风筝 为我国人们首先发明的，相传墨翟以木头制成木鸟，研制三年而成，是人类最早的风筝起源，后来鲁班用竹子，改进墨翟的风筝材质，更而演进成为多线风筝。

也有的集合村民，抬着神像，到各家门首，向院内洒米汤，意喻将瘟疫禳而散之。人家门前则围以石灰。

晋东南地区的民俗画中通常会画一个药葫芦，内装蛇、蝎、蜈蚣、蚰蜒、蜘蛛五毒虫害，贴于墙壁，谓之"辟百虫"。也有的用豆、麦面搓成灯捻形式，埋在土中，称之为"熏蚰蜒"。

晋中地区民俗家家拍簸箕，童谣有"二月二，拍簸箕，跳蚤、壁虱不敢上炕哩"。用石灰在厕所及门前围上一条线，称作除瘟。吕梁地区习惯家家扫除房屋土。晋北地区讲究"糊狼嘴"，用麻糖或黍米面团粘贴在二郎神哮天犬的嘴边。

二月二青龙节在晋南一些地方也被称为"花潮"。人们携带酒肴，来到郊外，选地围坐，亦歌亦舞、尽情欢饮，也称作"游春""踏青"。

晋东南地区习惯用秫粉制作煎饼，慰问妇女，晋中地区儿童习惯放风筝。一些县讲究此日打灰窖，祀土地神。

晋北地区喜食面条、粉条，名为挑龙尾。并要吃糕糊狼嘴和吃梨败火、打脏气。吕梁地区喜食煎饼，称为"揭龙皮"。

晋南这天则一定要吃麻花、馓子，谓之"啃龙骨"。晋西北地区讲究青龙节大闹社火秧歌，垒砌旺火，盛况酷似其他地方的元宵节。晋北地区民间讲究吃灶王爷前的枣山。一家几口人，将枣山切成几块，人均一份，最上面的三尖部分归家长享用。

陕西西安地区在二月二这一天，外婆要给外甥送爆米花及饻饻馍。

山西芮城合河在这天还有一种坚持千余年的古会，可称为奇俗。据传始于汉光武帝年间，是为纪念东岳大帝黄飞虎治水有功而三社联典庆贺，故又称"三社典"。

这天，山民们尽兴狂欢，并将各自家中最珍贵的宝物都展示出来，民间又称"亮宝会"，取宝能驱邪避灾之意，希冀是年风调雨顺，五谷丰登。

届时，妇女们身着彩装，演唱传统的民歌小戏，男子们则扮演粗犷强悍的天神、地神武将及文臣、八仙、俗神等，或骑马坐轿、乘牛、抬杆，或赤身裸体，腰系野布，或土布裤衩，身背铡刀、冰凌、粗

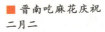
■ 晋南吃麻花庆祝二月二

社火跑旱船人偶

檩、石磨，大展阳刚之气。

当地戏称"合河二杆"。社火氛围由锣鼓组成并渲染，打击法古朴、原始，俗称"撇锣鼓"。传统节目尚有耍狮子、跑旱船、高跷、背人等。整个活动从村外出发，浩浩荡荡，一直到泰山神庙旧址结束。

在黄河三角洲地区有在这一天"放龙灯"的习俗，不少人家用芦苇或秫秸扎成小船，插上蜡烛或放上用萝卜挖成的小油碗，放到河里或湾里点燃，为龙照路。

山东内陆地区对"二月二"的讲究更多，其中有一项重要的民俗活动，那就是围粮仓。

农历二月初二清晨，村民早早起床，家庭主妇从自家锅灶底下掏一筐烧柴禾余下的草木灰，拿一把小铁铲子铲些草木灰，人走手摇，在地上画出一个个圆来。围仓的圆圈，大套小，少则三圈，多则五圈，围单不围双。

围好仓后，把家中的粮食虔诚地放在仓的中间，还有意撒在仓的外围，象征当年的大丰收。

在二月初二这天吃猪头肉也有说法。自古以来，供奉祭神总要用猪牛羊三牲，后来简化为三牲之头，猪头即其中之一。

另据宋代的《仇池笔记》记录的一个故事：

王中令平定巴蜀之后，感觉非常饥饿，于是就闯入一乡村小庙，却遇上了一个喝得醉醺醺的和尚，王中令大怒，就想把这个和尚斩了，哪知和尚全无惧色。

王中令很奇怪，就转而向他讨食，不多时和尚献上了一盘"蒸猪头"并为此赋诗道：

嘴长毛短浅含膘，久向山中食药苗。

蒸处已将蕉叶裹，熟时兼用杏浆浇。

红鲜雅称金盘钉，熟软真堪玉箸挑。

若把膻根来比并，膻根自合吃藤条。

诗　吟咏言志的文学题材与表现形式，汉代以后的诗则专指我国最早的诗歌总集《诗经》。诗的题材繁多，一般分为古体诗和新体诗，如四言、五言、抒情诗、朦胧诗等。诗的创作一般要求押韵，对仗和符合起、承、转、合的基本要求。

153

风调雨顺

中和节

■ 扒猪脸

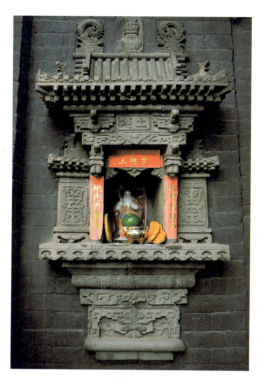
■ 神龛中的土地神

客家 是我国南方的广东、江西、福建、广西、台湾等省份本地族群的主要组成部分，是影响深远的汉族民系之一。客家文化既继承了古代正统汉族文化，又融合了南方土著文化。因此，"客家"的说法既是作为一个汉族民系的称谓，更是文化层面的一个概念。

王中令吃着蒸猪头，听着风趣别致的"猪头诗"甚是高兴，于是，封那和尚为"紫衣法师"。

看起来猪头还真是一道佳肴呢，而且也是转危为安和平步青云的吉祥标志。

后来这道菜就演变成了"扒猪脸"，经过选料、清洗、喷烤、洗泡、酱制等12道步骤，历经10多个小时的烹饪，才能端上餐桌。

"扒猪脸"有3种吃法，一是原汁原味吃，二是蘸酱汁吃，三是卷煎饼吃。每一种吃法都有不同的滋味。"扒猪脸"肥而不腻、肉骨分离、糯香可口，给人带来了美容、健脑的效果。

按照民间的风俗来说，过了青龙节，整个"过年"才算结束。但是在我国的南方地区，"二月二"沿用祭社习俗，如在浙江、福建、广东、广西等地区，此外就是形成了既有类似龙抬头节习俗，又以祭社习俗为主的"二月二"习俗，如在桂东客家地区。

土地神古称"社""社神"，是管理一方的土地之神。由于"地载万物""聚财于地"，人类产生对土地崇拜。进入农业社会后，又把对土地的信仰与农作物的丰歉联系在一起。南方普遍奉祀土地神，又称"土神""福德正神"，客家人称"土地伯公"。

"二月二"社日习俗内容丰富，主要活动是祭祀土地和聚社会饮，借敬神、娱神而娱人。

　　"二月二"社日的主要活动就是祭土地神，以祈求风调雨顺、五谷丰登，这在很多文献中都有记载。《周礼·大祝》记载：

　　太师，宜于社，造于祖，设军社，类上帝，国将有事于四望，及军归献于社，则前祝。

　　这里的"宜于社"就是指祭祀社神以求福祉。

　　在浙江的畲族地区，每年农历二月初二人们备祭品祭祀土地爷等神，以保佑乡人平安。所以当地有俗语谓：

　　二月二，杀鸡请土地。

　　桂东地区的客家人称"二月二"为土地节，客家人居住的村边都修建有土地庙。每年农历二月初二这天，他们备下煮熟的三牲祭品，带上香火蜡烛、纸钱等到村边土地庙祭供，场面肃穆，以求土地神庇护，得以安居乐业。在"二月二"这天，人们还会分祭肉，聚众宴饮，奏乐欢娱。

■ 社神塑像

千秋佳节

传统节日与文化内涵

■ 祭社活动

专祠 为特定的人或神设立的祠宇。旧以有大功德于民者，得敕封神号专立祠庙。以身殉职或亲民之官，也得在立功或原任地方建立专祠。

《风土记》 由西晋周处所编，是一部记述地方风俗的名著，是迄今为止我国较早记述地方习俗和风土民情的著作，比另一部同类性质地方性岁时节令专著南北朝的《荆楚岁时记》要早好多年。

社祭作为民众欢聚节日的习俗，从春秋时期开始一直相沿，对于这种场景的描绘我们在很多史料及地方志中都可找到。

西汉刘安《淮南子·精神训》中就记载：

> 今夫穷鄙之社也，叩盆拊瓶，相和而歌，自以为乐也。

南朝梁宗懔《荆楚岁时记》也说：

> 社日，四邻并结综会社，牲醪，为屋于树下，先祭神，然后飨其胙。

清代袁景澜《吴郡岁华纪丽》记载："二月二为土神诞日，城中庙宇，各有专祠，牲乐以酬。"《广州府志》引《番禺志》载：

二月二土地会，大小衙署及街巷无不召梨园奏乐娱神。

祭社的盛况及人们聚众宴饮的欢娱场面，在这些记载中可见一斑。

传说社日酒可以治耳聋，因此人们称社日酒为治聋酒。

宋代陆游的《社日》诗："幼学已忘那用忌，微聋自乐不须医。"又作注道："古谓社酒治聋。"

清代光绪《通州直隶州志》记载：

春分后戊日，村之民赛土神，置酒聚饮，曰："酒治聋。"

此外，在广西也有此俗记载。《来宾县志》记载："盖古者社日饮治聋酒，因以是恐村妇之溺爱耳。"《榴江县志》也载有春秋"社

■ 古代酒坊图

石碾槽

日"饮治聋酒的习俗。

社饭起源甚早，宋代孟元老的《东京梦华录·秋社》中有在二月二这天食社饭、糍粑的记载。

晋代周处《风土记》也记载说：

> 荆楚于是日以猪羊肉调其饭，以葫芦盛之相邀于人，以敦故旧之情。

食糍粑之俗多在广东、广西。广西贺州客家人在土地节做糍粑吃，并且要放棠梨叶，传说是吃了不怕雷公叫。

接社，即娘家在社日接新嫁的女儿归宁。早在宋代，妇女在社日一般不参加祭社活动，而出现妇女于是日"归宁"的习俗。广西的《桂平县志》《全县志》都有这个习俗的相关记载。

社日举行的演艺赛会，为酬神求福，要演"社戏"，又称"土地戏"。宋代陆游《稽山行》说：

> 空巷看竞渡，倒社观戏场。

农村中春秋社戏，通常在庙台或临时搭建的野台上演出。

《中华全国风俗志·江苏》载：

> 二月初二，土地神诞辰。纸扎铺剪纸为袍，而粉绘之，人家买以作供。大街小巷，供当方土地，张灯于神前……县署祠旁搭草台，演土地戏。

在这一天，闺中忌动针线，忌劳作。唐代社日有妇女停做针线之俗，并有诗句说："今朝社日停针线，起向朱樱树下行。"

清代袁景澜《吴郡岁华纪丽》引翟祜《居家宜忌》亦道：

> 社日令男女辍业一日，否则令人不聪。人家襁褓儿子，俱早起，恐社翁为祟。

其实，就南方地区来说，要比北方地区多山、多江河而少土地，

二月二民俗画

农村社戏

因此对土地的崇拜也就更甚于北方。以土地为生的先民们认为土地负载、孕育万物、毁灭万物，因此很自然地将农作物收成的好坏归因于"地"对人类的赏罚，据此就产生了对土地的崇拜，敬土为神。

于是自上古以来产生的祭社习俗在南方一直传承下来，并被演变成南方的"二月二"社日习俗。

传统节日与文化内涵

阅读链接

　　二月二这天大多数农家都吃"鼓撅"，是一种手搓面条，俗称"顶门棍"。为什么吃"鼓撅"？

　　有人说，吃了"顶门棍"，把门顶住，邪祟不入，一年太平；有人说，过春节大家都吃闷了、玩昏了，吃一顿"鼓撅"顶灵性，就开始干活过日子了。

　　也有在二月二这天吃搅团的，说是给龙糊鳞整甲，使龙抖擞精神升天降雨。有几句讽刺懒婆娘的民谣说："过了正月二十三，懒婆娘愁得没处钻。又想上了天，没鞋穿；又想钻了地，没铧尖；又想上了吊，丢不下二月二那顿油搅团。"

　　一些地区还有在这天炒豆子的习俗，民谣道："二月二，龙抬头，家家锅里嘣豆豆，惊醒龙王早升腾，行云降雨保丰收。"有人还在附近的药王庙里烧香叩头，祈保平安。

神秘的二月二苗寨祭桥节

相传那是在很久之前，在苗族中有对夫妇，男的叫垢包，女的叫务扁，夫妇俩勤劳忠厚，吃穿不愁，但是有一件事，令夫妇俩非常头疼，那就是他们膝下无子。

有一天清晨，一只喜鹊落在夫妇俩门前的树上叫个不停。垢包和务扁非常好奇，就问喜鹊："喜鹊，喜鹊，你这么高兴，知不知我夫妇的苦愁啊？"

喜鹊回答说："垢包、务扁啊，你们只要给我缝件白色短袖袄，让我穿上挡挡太阳光，我就告诉你们怎样才会有娃崽"。

垢包和务扁惊喜地说："喜鹊啊，只要能有娃崽，莫说缝件短袖袄，就是100件，我们也心甘情愿。"

喜鹊报春图

苗族少女

　　于是，务扁找出自己织的土布，给喜鹊缝了一件白短袖袄。喜鹊穿上非常高兴，为了答谢垢包和务扁夫妇，喜鹊就说："娃崽从天上来到凡间，路上常常遇到溪河，因腿短过不来。你们只要二月二到溪河边去搭桥，娃崽就会到你们家来。"

　　垢包和务扁按照喜鹊讲的话去搭了桥，不久之后，务扁果然怀孕了，生了个大胖儿子。为了纪念搭桥生崽这件事情，垢包和务扁到了第二年搭桥的那天，就去桥边敬桥。

　　别人听说垢包和务扁的这件事之后，就想仿效这夫妇搭桥，以便以后可以生个儿子，所以都纷纷在农历二月初二这天去搭桥。以后得了儿子之后又要敬桥。人人仿效，祭桥最终沿袭成了一种习俗。

　　每年的农历二月初二，我国的黔东南州地区很多少数民族都有祭桥的习俗。祭桥可以分为架桥和敬桥两种。架桥又分为两种情况，一种是主家无子，无子的人家架桥的目的就是保佑上天能够听到他们的祈求，送个孩子来。一种就是主家有子，有子的人家就祈求上天保佑孩子除病消灾，健康成长。

架桥的方式也有很多，有的人架石桥，有的人架木桥，还有的人架石凳，俗称坐桥。架石桥或木桥的多为求子，一般在节前就请人备好石料，请巫师占卜择地，只等二月二动工。

开工前，有的苗族村寨还要请巫师烧香烛纸钱，用麻线、背带、蜘蛛、鱼、蛋、酒和几尺红布，进行祭祀仪式，方能动工。桥架好后还要由巫师剪符念咒，贴于桥两侧，多数还在桥头用石块垒一土地庙，意为土地神守桥。

架石凳桥多为孩子瘦弱多病的人家所为。这类架桥不是真正意义上的架桥，而是在水井边、大树脚、山坳口休息处，用石块搭成桥，这类桥禁别人踩，仅是供人休息。架桥者也把此石桥视为孩子们的桥，意为给孩子架个桥，保他平安成长，除病驱灾。

在每年的农历二月初二这天，孩子们尤其高兴。因为小孩子这一天都会得到特别的优待，在这天不必打猪草、砍柴和放牛，也不干其他活儿，还能得到红蛋，吃上好饭菜。这天即使犯了过错，会得到大人的谅解，免遭打骂。

祭桥通常要在节前备好鸡、鸭、蛋、泡糯米，准备敬桥。没有孩子的人家，则准备架桥求子。节日的清晨，各家起早蒸糯米饭、煮蛋。蛋煮熟后，染成红色、绿色或其他色，用精心编织的网套装上红蛋，给幼小的孩子们吊在胸前，其余的蛋同鱼肉酒放进竹篮。

早饭前后，人们带上香

祭桥巫师

烛纸钱，领着孩子们去敬桥。来到桥旁，在桥头燃香点烛烧纸，摆上鱼、肉、蛋、酒等贡品，口念敬桥词，求其保佑孩子。

之后，敬桥者在桥旁共享祭品，此时若有人路过碰见，主人须邀其同享祭品，不能吝啬，怕桥神怪罪敬桥不虔诚。若是此人有事不能停留，主人家就要劝其饮两杯酒，并送糯米饭、肉或红蛋，让其带走，以示诚意。

然而，贵州三穗县寨头的苗族村寨，则把祭桥作为一种节日集会来举行。从农历二月初二至初六结束，这期间开展丰富多彩的活动。有吹笙跳舞、对歌、斗鸟、剪纸比赛、工艺品展示、赛篮球等活动。

二月二这天，清晨，全寨12房族的男女老少穿着盛装，抬着猪、拿着鸭或鸡来到位于寨头东北面的一座叫也雾山脚下的一座桥上宰杀，把鲜血淋在桥上，然后把糯米粑、鸡蛋、鸭蛋、米酒等贡品摆上，点燃香烛纸钱，燃放鞭炮。接着在桥下的大田中各自架起锅灶，把杀死的猪、鸡、鸭进行烹调。

与此同时，年轻的男子就开始吹芦笙，姑娘们就合着芦笙的节奏跳起舞来。烹调好后，摆上酒菜，开始吃喝划拳、闹酒、唱酒歌。因为是12个房族，加上房族中的亲朋好友，人多的时候竟达万人，热闹非凡。

阅读链接

黄田二月二是广西贺州桂东影响较大的一个传统节日，这个习俗由来已久。

黄田二月二的特点彰显了客家的文化，这一天，只要你在黄田街上有一位亲戚或认识一位朋友，你就可以带上你所有的亲朋好友到那位朋友家做客。

不管你原来是否和主人家相识，只要有一个熟人带路，你就可以到任何一户人家吃节。来的客人越多，主人越引为荣耀。这一习俗充分体现了客家人好客的特点。